지금독서가필요한이유

지금 독서가 필요한 이유

초판 1쇄 2022년 05월 24일

지은이 장주완 | **펴낸이** 송영화 | **펴낸곳** 굿위즈덤 | **총괄** 임종익

등록 제 2020-000123호 | **주소** 서울시 마포구 양화로 133 서교타워 711호

전화 02) 322-7803 | **팩스** 02) 6007-1845 | **이메일** gwbooks@hanmail.net

ⓒ 장주완, 굿위즈덤 2022, *Printed in Korea*.

ISBN 979-11-92259-17-8 03190 | 값 15,000원

즐겁고 유연하면서도 단단한 삶을 위하여!

READ

지금 독서가 필요한 이유

장주완 지음

굿위즈덤

프롤로그

　나는 온 세상이 알아주지 않는 평범한 청년이었다. 취업을 위해 서류를 온라인상으로 제출하면 대한민국에서 좋다고 하는 이름 있는 회사에서는 서류전형에서부터 탈락이었다. 남들은 좋은 회사에 들어가려면 스펙을 쌓아서 그 회사 입사 조건에 맞추어야 한다고 많이들 노력하던 시기에, 나는 비정규직 계약직 보조연구원으로라도 경력을 쌓으면 마침내 좋은 성과를 얻을 수 있을 것이라고 믿고, 시작했지만 현실은 그렇지 않았다. 나에게 돌아오는 것은 상처뿐이었다. 튼실하지 못한 중소기업들은 부도나 폐업으로 나에게 고통과 시련만 남기고 갔다.

　지금은 동국제강 포항공장 1협력에서 근무를 하고 있는데, 내가 지금

껏 다녀봤던 직장 중에서는 최고의 조건을 가진 좋은 회사이다. 하지만 나는 안정적인 직장과 안정적인 급여에서 불안함을 느끼게 되었다. 그리고 지금의 회사가 나의 정년을 보장해준다고 하더라도 그 이후에 남은 인생은 무엇을 하면서 어떻게 살아갈 것인지 고민이 되었고, 고민 해결을 위해 독서를 시작했다. 그리고 남이 알아주는 스펙인 동시에 나를 알수 있는 스펙을 쌓고 싶었다. 내 인생의 제대로 된 주인공이 되고 싶었다. 인생을 바꾸겠다고 결심하면서 왜 하필 책을 읽었냐고 묻는다면 이보다 더 적합한 대답은 없을 것이다. 책이야말로 가장 흔하고 사소하게 삶에 마법을 걸 수 있는 도구이기 때문이다. 아무리 밑바닥 인생이어도 2만원으로, 단 몇 시간의 투자로 심장이 요동치는 경험을 할 수 있는 것은 오직 책뿐이다. 차원이 다른 방식의 삶과 그 길로 가기 위한 남다르고 탁월한 생각과 행동을 알려주는 데 책만큼 적극적인 스승은 없다. 그래서 나는 책을 읽었다.

　지금까지와는 다르게 살고 싶다면 '다르게 살고 싶다.'고 다짐만 해서는 성공도 실패도 맛볼 수 없다. 아무것도 변하지 않는다. 매년 해가 바뀔 때마다 대부분의 사람은 작년과는 다르게 살겠다고 다짐한다. 하지만 변화를 이루어내는 사람은 손에 꼽을 정도다. 이유는 확실하다. 다르게 사는 법을 모르기 때문이다.

다르게 살기 위해서는 일단 다른 생각을 품어야 한다. 다른 언어를 쓰고 다른 패턴으로 행동해야 한다. 하지만 어떻게? 여기서 장벽에 부딪히자 나는 책을 찾았다. 인생을 전환할 아주 구체적인 방법을 배우고 싶었기 때문이다.

나는 경제적으로 풍족한 가정은 아니었지만 성실하고 책임감 있는 부모님 슬하에 첫째로 태어났다. 넉넉한 삶은 아니었더라도 5년 차이가 나는 여동생과 함께 따뜻하고 행복한 유년 시절을 보냈다. 그리고 부모님께서도 이런저런 일 가리지 않고 여러 일을 닥치는 대로 하셨다. 조금씩 모아두신 자금으로 밭농사 위주의 비닐하우스 농사일도 직접 일구셨다. 돈이 된다고 하는 작물은 다 해보신 것 같다. 나도 한 번씩 도와드리러 가보면 여름에는 뙤약볕으로 무덥고, 겨울에는 차디찬 바람으로 엄청 추웠다.

나는 지금 이대로 산다면 내 미래는 부모님과 별반 차이가 없다는 생각을 하게 되었다. 나는 부모님과 다르게 살고 싶었다. 또한 직장선배들을 보아도 내 미래는 그들과도 크게 차이가 나지 않는 인생길이라는 생각이 들었다. 그래서 나는 독서로 변화할 수 있는 방법을 찾고 싶었다. 또한 매번 상처받는 내가 싫어서 나의 자신감을 높이고 내면을 단단하게 만들고 싶었다.

부모님께서는 새벽 일찍 나가서 밤늦게까지 일하시다가 들어와 다시 또 새벽부터 나가셨다. 나는 늘 그런 모습을 봐왔다. 지금은 아버지께서 척추협착증이 생겨 농사일은 접으셨고 수술도 하셨다. 그래도 또 아버지는 소일거리라도 찾아 벌어야 한다며 비료 생산공장에서 일하신다. 부모님은 지금까지도 직장생활을 하며 나와 여동생에게 손 내밀지 않으시려고 많은 급여는 아니지만 열심히 벌면서 한 달, 1년을 악착같이 열심히 사신다.

희망도 열정도 기대도 없는 삶이 나는 억울하고 분통터졌다. 하지만 이내 지금의 나를 만든 것은 다름 아닌 나 자신이라는 사실을 깨달았다. 가족이 희망을 잃었다고 모든 사람이 나처럼 스스로를 불행으로 내몰며 살지는 않을 것이다. 나에게는 변화가 절실했다. 나는 크게 성공하고 싶어졌다. 인생의 의미를 새롭게 찾고 스스로 기쁨과 행복을 발견하는 방법을 익히고 다양한 도전 목록을 만들어 하나둘 완성해나가는, 생생히 살아 숨 쉬는 진짜 인생을 살기 시작했다. 그렇게 독서가 내 삶의 변화를 만들었다.

이 책에 나는 내가 직장생활을 하게 된 후 다시 독서를 하면서부터 독서가 필요한 이유와 독서의 중요성, 삶의 무기가 되는 나만의 독서방법, 독서를 통해 깨달음을 가지고 삶에 적용하여 변화된 경험 그리고 내 미래에 대한 바람을 담아보았다.

인생을 살다보면 다양한 고민과 난관에 부딪히게 된다. 누군가는 인생 전반에 대한 고민, 다른 누군가는 돈에 대한 고민, 또 다른 누군가는 인간관계에서 고민을 갖는다. 다양한 부분에 대한 고민들로 괴로워하고 힘들어한다. 그럴 때마다 고민해결을 위해 책을 통하여 나 자신을 찾고 삶의 유일한 무기를 만들고, 흔들리지 않는 내 자신이 되고 싶었다.

나는 이 책을 읽는 수많은 사람들이 이 책을 읽음으로써, 자신의 고민을 명쾌하게 해결하고 더 나은 인생을 살기를 진심으로 바란다.

　마지막으로 이 책이 나올 수 있도록 전적으로 도와주신 〈한국책쓰기강사양성협회(이하 한책협)〉의 김태광 대표코치님과 힘든 순간마다 동기부여를 해주신 〈위닝북스〉의 권동희 대표님, 〈한국주식투자코칭협회(이하 한투협)〉 주이슬 대표님께 감사드린다. 그리고 나의 가장 든든한 지원군인 사랑하는 부모님께 감사한 마음을 보낸다. 나를 낳아 길러준 어머니. 낮에도 밤에도 쉬지 않고 계속해서 일하시던 어머니. 평소에는 잔소리가 심해도 큰일이 있으면 반드시 지켜주시던 어머니. 자식을 위해, 가족을 위해 한결같이 기원하시던 어머니. 존귀하고 존귀한 어머니이다. 어떤 유명인이나 정치가보다 무명의 어머니를 칭송한다. 누가 칭찬하지 않더라도 나는 최대로 상찬하고 고마움을 전하고 싶다.

2022년 5월

장주완

목 차

1장   지금 독서가 필요한 이유

2장 독서는 삶의 유일한 무기가 된다

3장 책을 읽는 사람은 흔들리지 않는다

4장 책에서 읽은 것을 깨닫고 삶에 적용하라

5장 인생은 책을 얼마나 읽느냐에 따라 달라진다

READ

1장

지금
독서가 필요한
이유

지금 독서가 필요한 이유

책은 친근하면서도 멀다. 책은 어디에나 존재하지만, 읽을 시간이 부족해 멀리하기도 한다. 막상 시간을 내어 읽으려 하면 더 재미있는 일이 생각나기 마련이다. 특히, IT 기술이 생활 전반에 침투한 요즘에는 어른, 아이 할 것 없이 스마트폰을 손에 쥔 채 살아간다. 밥을 먹을 때도, 대중교통을 이용할 때도, 길을 걸으면서도, 친구와 만나서도 언제나 스마트폰이 중심에 있다. 이렇게 스마트폰과 가까워질수록 멀어지는 것이 있는데, 바로 독서다.

독서는 집중력과 사고력을 요구하는 활동이다. 즉각적인 만족을 주고,

손쉽게 다양한 주제를 오갈 수 있는 스마트폰과는 대조적이다. 그러나 사람들이 독서에서 멀어지는 요즘, 오히려 독서의 중요성은 더욱 강조되고 있다. 한 권의 책을 읽는다는 건, 그 책과 특별한 인연이 된다는 의미다. 타인의 추천이나 광고를 통해서든, 서점에서 직접 고르든 상관없이 귀한 만남이다. 바로 그 한 권의 책이 자신의 인생에 등불이 될 수도 있다. 좋은 책과의 만남은 자신을 변화시키는 힘이 될 것이다.

성공을 이룬 기업가, 강연가들은 인터뷰나 강연에서 독서의 중요성을 강조한다. 책을 꼭 읽어야 한다는 주장을 펼친다. 특히, 미국의 훌륭한 대통령의 대부분은 독서광으로 알려져 있을 만큼 독서가 우리 인생에 미치는 영향력은 매우 크다고 할 수 있다.

독서는 어휘와 지식을 확장하고 뇌를 자극하며, 인지 능력을 발달시킨다. 사고력 및 상상력을 향상시키고, 작문 능력을 길러주며, 마음을 다스리는 데도 큰 도움이 된다. 그리고 세상을 간접 경험함으로써 한층 더 성숙해질 수 있다.

또한, 독서는 건강에도 여러 좋은 영향을 준다.

첫째, 독서는 스트레스 완화에 도움이 된다. 독서는 살면서 받는 스트레스를 완화해주는 역할을 한다. 영국 서섹스대학교(University of Sussex) 인지심경심리학과 데이비드 루이스(David Lewis) 교수와 연구팀은 독서와 산책, 그리고 음악 감상 등의 취미 활동이 스트레스를 얼마나 완화해주는지 측정했다.

그 결과, 스트레스를 완화하는 데 독서가 가장 효과적인 것으로 나타났다. 약 6분간의 짧은 독서 시간에도 스트레스가 68%가량 감소하고 심박수가 낮아졌으며, 근육의 긴장이 풀어지는 효과를 나타낸 것이다. 이는 음악 감상(61%), 커피 마시기(54%), 산책(42%)과 비교했을 때 높은 수치다. 루이스 교수는 "사람들은 불안정한 현실에서 벗어나고자 하는 욕구가 크다."라고 말하며, "책의 장르와 상관없이 독서를 하면 현실을 잠시 잊고 작가가 만든 상상의 공간에서 일상의 걱정과 근심을 내려놓을 수 있다."라고 전했다.

둘째, 독서는 뇌를 자극해 뇌 기능 유지와 개선에 큰 도움이 된다. 운동으로 근력을 키우듯이, 꾸준한 독서를 통해서 뇌 기능을 개선할 수 있다는 것이다. 독서가 뇌에 적절한 자극을 주면서 정보 처리와 분석력, 이해력, 기억력, 상상력 등 다양한 영역을 활성화하기 때문이라고 한다. 단, 어떤 책을 읽는지에 따라 효과의 정도는 다르다.

영국 리버풀 대학교(University of Liverpool) 문학사회학 교수 필립 데이비스(Philip Davis) 교수팀의 논문에 따르면, 문장구조가 복잡한 책을 읽는 것이 뇌 기능 개선 효과가 더 높았다. 연구진은 어려운 책을 읽을 때 뇌의 전기신호가 급증해 뇌가 더 활성화된다는 사실을 확인했다. 또한, 책에는 다양한 정보와 경험이 포함되어 있어 소통 능력을 향상해주며, 타인에 대한 이해력과 공감 능력도 높여줄 수 있다.

셋째, 우울증 완화에 도움이 된다. 타인과 항상 비교당하는 현대 사회에서는 많은 사람이 우울증을 겪는다. 이때 독서 습관은 우울증을 완화하는 데 효과를 줄 수 있다. 스코틀랜드 글래스고 대학교(University of Glasgow) 뇌과학 연구진은 가벼운 우울증 환자들에게 '독서요법 치료'가 효과적인 치료 방법이라는 것을 발표했다.

연구진은 우울증 진단 환자 200여 명을 두 그룹으로 나누었다. 그리고 한 그룹에는 우울증 약을 복용시켰고, 다른 그룹에는 특별히 만든 우울증 치료용 책을 읽혔다. 이 연구에서 치료용 책을 읽은 환자 그룹의 우울증 증세가 우울증 약을 복용한 그룹보다 훨씬 더 호전되었다는 것이 나타났다. 독서 기간이 길면 길수록 우울증 치료 효과는 탁월한 것으로 밝혀졌다.

나는 평범한 직장인으로서 안정적인 직장생활에 물들여져 있었다. 고정적으로 들어오는 급여에 너무 편하게만 생활해왔다. 아니, 지금 생각해보면 우물 안의 개구리처럼 나태해져 있었다. 어떠한 변화를 가질 계기가 없었던 것이다.

집에 오면 책장의 책들을 쉽게 꺼내 볼 수 있는데도 스마트폰이 우선순위였다. 그러다 최근 이성 친구와 이별하며 자극을 받았다. 직장동료들을 보아도 내가 지금 무언가 하지 않으면 내 미래도 그들과 별반 차이가 없겠다 싶었다. 이렇게 나는 자극을 받고 나서야 책을 찾게 되었다.

『인생은 실전이다』,『부의 추월차선』,『웰씽킹』 이렇게 세 권을 구입해 읽었다. 책에서는 하나같이 책을 읽었으면 지금 당장 할 수 있는 것부터 도전하라고 했다. 읽는 데 그쳤다면 지식으로는 남아 있어도 나에게 큰 변화는 없었을 것이다. 나는 독서의 필요성을 깨닫고 의미 있는 삶과 물질적인 만족, 2가지를 모두 누리고 싶어졌다. 삶을 변화시키는 데는 독서가 기본 바탕이 된다. 이것이 지금 독서가 필요한 이유라 생각한다.

새로운 기술이 쏟아져 나오는 요즘, 그 어떤 신기술이라도 인간이 생각하는 능력을 상실한다면 더 이상 어떠한 의미도 가질 수 없을 것이다. 인류의 미래 역시 기술 너머에 있는 가치를 생각하는 능력에 의해 좌우될 것임이 분명하다. 독서는 인간에게 발전을 이루게 하는 활동이다. 독서는 우리를 더 나은 인간으로 성장시키는 일등공신이다. 앞으로도 그중요성은 매우 클 것이라 예상된다.

이번 주말에는 스마트폰을 잠깐 멀리 두고 평소에 눈길이 갔던 책을 펼쳐보는 건 어떨까? 스마트폰이 갖게 해주지 못하는 깊은 사색의 시간이 당신의 삶을 더욱 풍요롭게 만들어줄 것이다.

매번 상처받는 내가 싫어 독서를 시작했다

나는 철강의 도시 포항에서 살아온 지 30여 년이 흘렀다. 하지만 눈만 뜨면 바라다 보이는 포스코, 현대제철 입사는커녕 견학 문턱도 넘어보지 못했다. 그뿐만 아니라 내가 다니던 여러 군데 직장의 부도, 폐업도 경험했다. 내가 철강회사에 처음으로 입사했던 곳은 경남 밀양에 있는 스테인리스 파이프를 생산하는 공장이었다. 28세에 입사한 회사의 규모는 아주 작은 중소기업이었다. 아버지의 소개로 지인분이 생산부장으로 있는 회사에 첫 입사였다. 하지만 그리 오래가지는 못했다. 내가 입사한 지 딱 2개월 만에 부도가 났다.

기업대표는 구속되어 급여도 제때 받지 못했고 부도까지 난 상황에 전 직원은 받지 못한 급여와 퇴직금 때문에 고용노동지청에 신고하여 대략 8개월 만에 받을 수 있었다. 두 번째 입사한 곳은 울산광역시 울주군에 소재한 플랜트 제작사였다. 플랜트라 하는 것은 열교환기, 해수 담수화 시설, 석유화학, 가스, 전력 등 제품을 생산할 수 있는 설비를 말한다. 중견기업의 협력사여서 그나마 괜찮겠다 싶었지만 대기업 인수합병 상황에서 협력사 퇴출을 받았다.

세 번째 회사는 다시 파이프를 생산하는 기업인데 여기는 경북 경주 건천에 위치한 고급 강을 다루는 티타늄 파이프를 생산하는 기업이었다. 티타늄은 가벼우면서 부식이 거의 되지 않는 금속이다. 이곳은 중소기업이지만 기업주의 마인드가 좋고, 재력가라서 나는 이곳에서 5년이라는 시간동안 근무하면서 많은 것을 배울 수 있었다. 철강회사에서 용접은 필수라 그 전부터 배워두었고, 자격증도 취득했다. 지게차, 호이스트(리모컨 크레인), 조관 오퍼레이터, 후처리, 유밴딩 오퍼레이터, 포장 등 현장에서 전 공정의 업무를 배워서 이 회사의 멀티플레이어로 여러 기술을 많이 배웠다.

그리고 회사에서는 한 달에 한 번씩 독서모임도 가졌다. 독서할 책은 회사에서 구입하여 세공해주었다. 회사 실립된 지는 얼마 되지 않았지만 설비며 시설들을 잘 갖춘 회사라 생각이 들었는데, 직원들이 설비를 잘 운용하지 못한 탓에 불량률이 높았고 결국 직원들에게 배신감이 든다며 회사를 폐업하였다.

그 밖에 각종 곡물을 도정하는 업체와 선박철판 전처리하는 업체에도 근무해봤지만 이곳들은 내국인이 근무하지 않으려는 곳으로 사무실 직원 외에는 현장직원은 전부 외국인들이었다. 중국, 파키스탄, 베트남, 키르기스스탄, 필리핀 등 동남아시아 사람들이 국내로 들어와 근무하였는데, 정말 현대판 노예들이 따로 없었다. 작업현장부터 기숙사 내부까지 너무 더럽고 시설도 노후화되어 있었으며 사장의 마인드도 외국인들을 사람으로 취급하지 않고 막말로 개나 소, 돼지처럼 동물 대하듯 막 부려 먹는 업체였다.

이런 회사에서는 미래에 대한 전망, 희망이 보이지 않아서 나는 자격증을 취득해야겠다 싶어 지게차와 천장크레인 2가지가 관심 있었는데 굴삭기까지 세 종목을 2018년도에 한 번에 다 취득했다. 그리고 내가 가진 자격증으로 동국제강 포항공장 1협력에 입사할 수 있었다.

나는 이렇게 상주반, 2조 2교대(12시간 맞교대, 격주 근무), 3조 3교대(15일 간격으로 한 번씩 아침반에 퇴근해서 야간반으로 넘어갈 때 대략 30시간 공백이 생기는 형태. 육거리라고도 함. 쉬는 날 없음) 등 여러 형태의 근무도 해봤다. 지금은 동국제강 포항공장 1협력에서 4조 3교대 근무로 50톤급 마그넷 천장크레인(기중기)을 운전한다.

하루 8시간 근무하는 상주 근무는 잔업이나 야간근무를 안 하니 몸은 그나마 편하다. 하지만 급여가 적다. 급여를 조금이라도 많이 받아 가려면 교대근무를 해야 한다. 교대근무는 나이가 적을 때는 '할 만하네.' 싶었다. 하지만 나이가 한 살씩 들어갈수록 피곤에 지쳐가는 내 모습이 보였다. 이제는 야간근무가 싫다.

연차는 매년 정해져 있지만, 교대근무는 내가 연차를 쓰면 누군가가 나 대신 근무해야 하는 구조다. 쉬는 조는 쉬고 싶어 하는데, 앞 조나 뒷조는 연달아 근무를 해야 하니 총 열여섯 시간을 회사에 잡혀 있어야 한다. 원래 내 근무 여덟 시간과 휴가자의 근무 여덟 시간, 총 열여섯 시간 근무하는 것을 연근이라 한다. 연이어 근무한다 하여 연근인데, 제발이지 연근이 없어졌으면 좋겠다. 내 근무만 해도 지겨운데 휴가자의 근무까지 해야 하니 꼬박 하루 중 나의 여가시간이 없다. 우리나라의 직장 근무형태는 회사마다 약간의 차이는 있지만 대부분 그러하다.

그렇게 회사에 잡혀서 개인적인 자유도 없고, 여유 시간도 없다. 육체적으로 회사에 기여하지만 급여도 많지 않다. 최근에 나는 많지 않은 급여 때문에 돈 문제로 1년 정도 사귄 여자 친구와도 헤어졌다. 이 일을 계기로 나는 이대로 살기가 싫었다. 대신 변화를 가지고 싶었다. 나 자신을 위한 삶인 동시에 다른 사람의 인생을 변화시킬 수 있는 삶을 살고 싶었다. 그래서 나는 매번 상처받는 것이 싫어 독서를 시작했다.

나는 『인생은 실전이다』라는 책을 읽으며 무엇이든 자신이 할 수 있는 것부터 당장 도전하라는 내용을 접했다. 또한, 부자, 부, 주식, 책 쓰기 등을 다루는 유튜브 영상을 보다가 제일 먼저 무엇에 도전해볼까 생각했다. 그런데 책 쓰기는 많은 시간을 투자해야 할 것 같았다. 또한, 내가 책 쓰기 전문가가 아니라고 생각해서, 주식에 먼저 관심을 가졌다.

그러다 유튜브 〈주이슬 StockYiSeul〉을 구독하고 영상을 즐겨 보게 되었다. 영상에서는 주식투자에 대해 설명하고 있었다. 더불어 유튜버 자신의 책을 열심히 홍보하고 있었다. 책의 내용이 궁금해진 나는 주식 공부도 해볼 겸 유튜버가 쓴 『주식투자 이렇게 쉬웠어?』, 『결국 ETF가 답이다』, 『나는 잠자는 동안에도 해외주식으로 돈 번다』 등 세 권을 구입해 읽었다.

유튜버이자 이 책들의 저자인 주이슬 작가를 '한번 만나보고 싶다.'라는 생각을 품게 되었다. 책에는 네이버 카페로 〈한국주식투자코칭협회(이하 한투협)〉, 블로그, 유튜브 등의 연락처가 남겨져 있었다. 그중에 〈한투협〉이 무엇인지 궁금해서 들어가 가입했고 가입인사를 남겼다. 그러자 주이슬 작가가 직접 내게 연락해왔다. 컨설팅을 해준다고 해서 협회를 찾아가 직접 작가를 만나볼 수 있었다. 그리고 〈한국책쓰기강사양성협회(이하 한책협)〉도 소개받았다.

내가 감명받은 나만의 베스트셀러와 작가 중 몇 명을 적어보면 이렇다. 『더 세븐 시크릿』의 김태광 작가, 『미친 꿈에 도전하라』의 권동희 작가, 『나는 잠자는 동안에도 해외주식으로 돈 번다』의 주이슬 작가, 『웰씽킹』의 켈리 최 작가, 『시크릿』의 론다 번 작가, 『조화로운 부』의 제임스 아서 레이 작가, 『인생의 차이를 만드는 독서법 본깨적』의 박상배 작가, 『부의 추월차선』의 엠제이 드마코 작가 등.

나는 그들의 책을 읽거나 영상으로 강연을 보았다. 그러곤 자기 경험을 용기 있게 드러내고 책을 써서 나를 포함한 세상 사람들에게 영향을 끼치고 있음에 놀랐다.

얼마 전부터 독서의 중요성에 대해서 간과하고 있는 이들이 생각보다 많이 보이기 시작했다. 어차피 정보 습득을 위해서라면 유튜브를 포함한 멀티미디어 동영상 등을 활용하면 되는데 굳이 독서를 왜 하느냐 이 말이다. 얼핏 보기에 설득력이 아예 없지는 않다. 유튜브만 해도 다양한 분야에서 교양 수준 이상으로 쉽게 잘 전달해주는 콘텐츠가 이미 활성화되어 있기 때문이다. 그렇다면 독서의 중요성은 이제 사라져버리는 것일까? 나는 그렇게 생각하지 않는다. 독서가 가져다주는 효용은 여전히 많이 남아 있다. 여기서는 크게 문해력 향상과 공감 능력 향상에 관해서 간단히 이야기해보도록 하겠다.

일단 독서는 문해력 향상에 크게 기여한다. 위키백과에서는 문해력을 다음과 같이 정의한다. "문해(文解) 또는 문자 해득(文字解得)은 문자를 읽고 쓸 수 있는 일 또는 그러한 일을 할 수 있는 능력을 말한다. 넓게는 말하기, 듣기, 읽기, 쓰기와 같은 언어의 모든 영역이 가능한 상태를 말한다." 유네스코는 문해란 "다양한 내용에 대한 글과 출판물을 사용하여 정의, 이해, 해석, 창작, 의사소통, 계산 등을 할 수 있는 능력"이라 정의하였다. 이러한 문해력은 일반적으로 독서율과 크게 상관이 있다고 알려져 있다. 양질의 독서를 많이 한 사람들은 상대방이 쓴 글이나 말에서 주장하고자 하는 바를 제대로 이해할 수 있는 능력이 높을 확률이 높은 것이다.

이는 그저 유튜브 등의 동영상을 많이 감상한다고 향상될 수 있는 능력이 아니다. 독서, 그중에서도 정보량이 많고 범주가 그리 단순하지는 않은 수준의 독서를 해야 유의미하게 향상될 수 있을 것이라 생각된다. 교과서보다는 잘 정리되어 있어서 떠먹여주는 참고서 위주로 공부하던 고등학생이 대학교에 들어가서 공부에 애를 먹게 되는 몇몇 경우도 이와 큰 상관이 있어 보인다. 글을 읽고 정보들을 적절하게 통합하고 범주화할 수 있는 능력을 훈련할 시간이 부족했던 것이다. 이렇듯이 독서는 단순히 정보만 획득하고 끝나는 활동이 아니다. 독서를 하면서 얻은 정보와 이야기는 시간이 지나면서 조금씩 잊힐지 모르겠지만 당신이 얻은 문해력은 그리 간단히 사라지지 않는다.

그리고 문해력 향상은 당신의 미래 소득과 직업의 수준을 올려준다. 1992년 미국 교육통계 국립 센터에 따르면 문해율이 높을수록 주급이 높은 것으로 집계되었다. 다른 통계에서도 문해율이 높을수록 연 소득도 높았다. 교육의 수준이 높으면 좋은 수준의 직업을 구할 확률이 높기 때문이다. 게다가 문해력이 향상되면 주변 사람들과도 원활한 의사소통이 이루어질 수 있어서 인간관계에서도 크게 도움이 된다. 독서를 통한 문해력 향상은 그저 학술적인 능력뿐만 아니라 실용적으로도 도움이 된다. 당신이 원하는 만큼 돈을 벌면서 동시에 인간관계에서 소통까지도 잘하는 사람이 되고 싶다면 지금 당장 독서를 시작하기 바란다.

박상배 저자 초청 강연

나를 찾고 싶다면 독서를 하라

내가 좋아하는 일은 무엇일까? 가슴 뛰는 일을 하며 행복하게 살고 싶은데 어떻게 하면 좋을까? 성인이 된 우리지만 정작 나에 대해 잘 알지 못해 무언가를 시작하려고 해도 두려움만 앞선다. 안정적인 것에 너무나 물들어져 있었던 탓인 것 같다. 사람들은 남이 성공하면 '성공하는 사람은 따로 있다'고 온갖 시기, 질투로 배 아파하면서 정작 자신은 변화할 생각을 하지 않는다. 변화를 하고 싶어도 변화할 방법을 모르기 때문이다. 내 주변 사람들도 그러했고, 나 역시 방법을 몰라 신세 한탄을 했던 적도 있었다. 그냥 늘 해왔던 대로 직장생활이나 충실히 하라는 답변밖에 돌아오지 않았다.

하지만 나는 어딘가에 내가 원하는 답이 있을 것이라고 여기고 찾던 중 자기계발서가 생각났다. 그리고 온라인 서점에 들어가 책 쇼핑을 했다. 내가 지금까지 살아온 과거는 바꿀 수 없지만, 앞으로 살아가야 할 미래는 바꿀 수 있다고 생각했고, 꼭 절실하게 바꾸고 싶다. 그래서 독서를 시작했다.

독서하는 시간만큼은 마음도 편안해지고, 스트레스도 줄어드는 것을 느낄 수 있었다. 독서를 통해 책의 저자와 대화를 나누듯 저자가 전달하려는 메시지를 상상하면서 책을 읽다 보면 재미가 있다. 또한 저자의 메시지에 공감도 하고, 새로운 것을 배우기도 하며, 동기부여도 받는다. 그렇게 독서를 하면 어느새 나를 찾는 여행이 시작된다.

"맹자는 책을 읽는 것을 '잃어버린 마음을 찾는 일'이라고 말했다. 주자는 '도리란 이미 자기 자신 속에 갖추어져 있는 것이니 밖에서 첨가될 수 없다.'라고 했다. 독서의 길은 자기 속에 이미 있었으나 잃어버린 마음을 찾는 것이다. 마음을 거두어들이지 못한다면 책을 읽어 무엇을 하겠는가? 그러므로 책을 읽는 것은 늘 '두 번째 일'이 된다. 책을 읽는 것 자체가 목적일 수 없다. 첫 번째 목적은 '잃어버린 마음을 되찾아오는 것'이다. 좋은 책을 읽어 이해하면 이를 통해 원래의 마음을 찾게 된다. 좋은 책을 읽는 것은 경험하는 것이다. 책은 자신의 절실하고도 긴요한 곳에서 이해되어야 한다."

— 구본형, 『오늘 눈부신 하루를 위하여』 중에서

불과 몇 해 전에도 책 읽기가 중요하다는 것은 이미 알고 있었다. 하지만 책을 읽으면서 책이 주는 정보를 받아들이고, 그 정보를 활용할 때 더욱 가치가 있는 것이라고 생각이 들었다. 물론 지금도 이 생각에는 변함이 없다. 최근 들어 깊게 생각하고 있는 바가 있다. 책을 읽으면 무의식에 긍정의 생각들을 주입할 수 있고, 이렇게 무의식 속에 들어간 긍정의 생각과 지식들은 나의 삶을 더욱 의욕적이게 변화시킨다는 점이다. 그리고 무의식에 영향을 준다는 것 자체가 본인 삶에 큰 영향력을 미치는 것과 같다고 볼 수 있다.

사람은 1%의 의식의 영역과 99%의 무의식의 영역으로 이루어져 있다고 알고 있다. 수치에서도 보이듯이 무의식의 영역이 삶에서 차지하는 바가 훨씬 크다. 그렇다면 이 무의식의 영역이 삶을 올바르게 이끌어 갈 수 있도록 유도하는 것이 중요하다. 이때 책이 가진 가장 큰 능력이 발휘되는 것이다.

그래서 책을 읽는다는 것은 정보를 습득하고 활용하는 것 이상의 가치를 지닌다고 볼 수 있다. 책을 읽음으로써 무의식에 있는 부정의 것들을 걷어낼 수 있다. 왜냐하면 대부분의 책은 긍정과 의욕적인 삶을 살도록 해주기 때문이다. 걷어내진 부정의 자리에는 긍정의 생각과 하려는 의지, 변화하는 환경까지 세팅할 수 있다고 생각한다. 본디 사람의 의지로만 삶을 영위하기는 힘들다. 그 이유는 간단하다. 의지는 쉽게 약해질 수 있기 때문이다. 그래서 환경을 설정하고, 그 설정된 환경을 발판 삼아 발전할 수 있는 것이다. 그것을 무의식의 영역에 넣어두는 작업을 하는 것이 바로 독서다.

또한 책을 읽으면 그 책의 저자와 대화하는 시간은 의미 있는 시간이 된다고 느낀다. 나는 발전하는 것에 공감하고 의욕적으로 삶을 살아가려는 점을 배울 수 있었다. 또 장르별로 기행문을 읽으면 세계 각 나라의 여행지를 다녀온 것처럼 생생한 여행정보, 숙박이나 음식정보, 그 나라의 문화, 풍경, 대중교통 등 여러 가지 정보도 습득할 수 있으며, 저자가 여행하는 동안 불편했던 사항을 미리 알고 내가 여행할 때는 보완된 여행을 할 수 있도록 도움을 받기도 한다. 그래서 독서는 앉아서 하는 여행이고, 여행은 걸어 다니면서 하는 독서라고 하는 것이다.

가장 먼저 독서는 내게 삶에 있어 올바른 판단력을 가져다주었다. 인생은 늘 선택의 연속이다. 매 순간 순간 우리는 선택의 기로에 놓이게 된다. 이 선택에 따라 우리의 인생의 길은 갈린다. 아주 중요한 순간, 판단을 할 때 우리는 때때로 혼란에 빠지게 되는 경우도 있다. 그때 우리는 독서를 통해 선인들의 지혜를 빌릴 수 있다.

그중 내가 가장 기억에 남는 것이 나폴레옹이 전쟁터에 늘 수레로 책을 가지고 갔다는 것이다. 그는 전쟁터의 그 긴박한 상황 속에서도 항상 책을 옆에 두고 읽었다고 한다. 자신의 목숨뿐만 아니라 국가의 존망이 자신의 판단에 달려 있는 무거운 상황 속에서 침착하고 올바른 판단을 하기 위해 그는 독서를 선택한 것이다.

독서를 함으로써 선인들의 지혜를 얻었으며 항상 마음의 평정을 도모하였다. 사람은 결코 완벽한 존재가 될 수 없다. 그래서 한 세기를 풍미하던 나폴레옹조차도 책에서 지혜를 빌려 현실을 살아갔던 것이다. 나는 그래서 힘든 일이 있을 때 안 좋은 감정으로 선택하지 않는다. 먼저 좋은 내용의 책을 먼저 읽고 마음을 가라앉히고 기분이 좋은 상태에서 판단하고 행동한다.

삶이란 참으로 복잡하고 아슬아슬하다. 걱정이 없는 날이 없고 부족함을 느끼지 않는 날이 없으니까. 어느 것 하나 결정하거나 결심하는 것도 쉽지 않다. 내일을 알 수 없어 늘 흔들리기 때문이다. 말로는 쉽게 "행복하다, 기쁘다."라고 하지만 누구에게나 힘든 일은 있기 마련이다. 얼마만큼 행복하고 어느 정도 기쁘게 살아가고 있는지 알 수는 없지만 그저 모두 바쁘다.

결국 인생은 내가 나를 찾아갈 일뿐이다. 고통, 갈등, 불안 등은 모두 나를 찾기까지의 과정에서 만나는 것들이다. 나를 만나기 위해서 이렇게 힘든 것이다. 나를 찾은 그날부터 삶은 고통에서 기쁨으로, 좌절에서 열정으로, 복잡함에서 단순함으로, 불안에서 평안으로 바뀐다. 이것이야말로 각자의 인생에서 만나는 가장 극적인 순간이요 가장 큰 기쁨이다. 아무리 화려해도 몸에 맞지 않는 옷을 입으면 불편하듯이 아무리 멋진 풍경도 마음이 다른 데 있으면 눈에 들어오지 않듯이 내가 아닌 남의 삶을 살고 있으면 늘 불안하다.

독서를 통해서 이러한 생각의 과정을 밟고 있다는 것이 너무나 놀랍고 감사할 따름이다. 좀 더 일찍 이런 과정을 겪고 성장할 수 있었다면 좋았겠지만, 지금도 나쁘지 않다. 매일 성장하고 있음을 느끼기 때문이다. 나는 무의식에 더욱 풍성하고 강력한 긍정의 기운과 강인한 의지와 문제해결 능력을 넣을 것이다. 앞으로도 무의식에 내가 원하는 바를 꾸준히 실행시킬 수 있도록 환경설정을 할 것이다. 오늘도 이렇게 나를 느끼고 배우며 발전하는 하루를 살았다. 내일은 더욱 기대가 된다. 모든 것에 감사하다.

당신도 잠깐 쉬면서 나를 찾는 독서를 시작해보는 건 어떨까? 독서로 나를 찾을 때 행복과 기쁨도 함께 찾아온다.

고통을 극복하기 위해서도 독서가 필요하다

누구에게나 고통은 존재하나 타인의 눈에 보이지 않는다. 고통 없는 인생은 무의미하다고 말하는 사람도 있다. 고통을 이겨내고 인생을 살아가는 것은 인간으로서 책임이다. 무엇이 고통이고 어떻게 고통을 이겨낼 것인가?

고통의 뿌리는 신체나 정신에 있다. 신체의 고통은 시간이 갈수록 나아지기에 희망적이다. 정형외과 병동의 분위기가 가장 활달한 것을 보면 알 수 있다. 미래에 대한 '걱정', 바쁘고 할 일이 밀려 있는 상황에서 완벽해지려는 '강박', '불확실성' 등 고통은 저마다 강도가 다르다. 정신적 고통은 시간의 흐름과 비례하지 않는다.

　나는 2020년 8월부터 관심이 가는 여성이 한 명 있었다. 그녀는 북한 이탈주민(새터민)이었다. 처음에는 미모에 끌렸고, 대화를 나누어보면 됨됨이가 된 사람으로 느껴질 만큼 괜찮아 보이는 사람이었다. 그래서 내가 좋아한다고, 사귀자고 있는 시간, 없는 시간 쪼개서 따라다니며 10월부터 사귀게 된 여자 친구가 있었다.(그녀의 신변보호 상 자세한 내용은 밝히지 않겠다.)

　그녀에게 처음에는 내가 좋은 곳을 보여주고 싶고, 많은 추억을 만들고자 함께 가까운 곳으로 여행도 다니고 여느 커플들처럼 좋은 곳, 맛있는 곳으로 어디든 데이트하러 다녔다. 그러던 중 그녀는 모아둔 돈도 없고, 많은 돈을 버는 것도 아니면서 씀씀이가 너무 헤프게 보여서 넉넉하지 않은 돈 문제로 자주 싸우게 되었다.

　어느 시점부터는 그녀의 행동이 달라졌다는 것을 느껴 의심을 하게 되었지만 확실한 증거가 없어서 속으로만 품고 있다가 쌓이고 쌓여 다른 남자가 생겼는지 의심된다고 물으니까 거짓말을 하며 그 상황을 회피하기 위해 다른 남자가 어디 있냐며 오히려 더 화를 내기에 나는 더 싸우기 싫어 의심해서 미안하다고 사과하고 상황을 종료시켜버렸다. 나도 직장생활을 하지만 많지 않은 급여로 의무적으로 납부해야 할 곳이 많아도 은행의 예·적금으로 조금씩이라도 모았었지만, 어려운 상황에 조금씩 도와주느라 해지를 했었다.

자꾸 의심을 하게 된 이후부터는 나 자신한테 투자를 하는 것이 차라리 낫겠다 싶어서 그 조금씩마저도 도와주지 않았다. 나하고 같이 있을 때는 아닌 척하면서도 내가 직장에 출근하여 서로가 떨어져 있는 시간에는 다른 남자와 나 사이에 양다리를 걸치고 있는 것을 알게 되었다. 그것을 알게 된 순간 너무나 괘씸하고 배신감을 느꼈다.

온몸이 후들거리고 심장은 미친 듯이 쿵쾅거렸고, 화가 나니 미열도 나서 두통도 생겼다. 여자 친구의 친한 언니 집에 모여 앉아 있는 것을 알고 찾아갔다. 그 언니마저도 섭외당하여 나에게 거짓말을 하고 있었고 그 자리에는 내가 아닌 다른 남자도 있었는데 예전부터 알던 다른 친구라 하며 이야기를 잠시 나누고는 보내버렸다. 그 남자가 양다리 걸치고 있는 다른 한 남자였던 것이다. 나는 또 속는 셈 치고 모르는 척했다.

나만의 증거물을 여자 친구에게 보여주며, 상황 설명을 하라고 하니 장난쳤던 거라는 둥, 나에게는 부끄러운 행동을 하지 않았다며, 거짓말에 또 다른 거짓말을 만들며 그렇게 신뢰가 깨져버렸다. 믿는 도끼에 발등 찍히는 기분이 이런 것이구나 느낄 수 있었고 우린 만 1년 정도 사귀고 2021년 10월 말에 헤어졌다. 그리고 한 달이 지나고 카톡에 프사로 헤어질 때 봤던 그 남자의 사진이 올라온 것을 보고 그녀의 거짓말은 하늘을 찌르고 있다는 것을 확실하게 알게 되었다.

그리고 나는 고통스러운 나날을 극복하기 위해 책을 펼쳤다. 예전에는 다른 이성친구와 헤어졌을 때는 정신을 다른 곳으로 집중시키기 위해 음악 감상을 하거나, TV를 봤다. 하지만 음악이나 TV에서 사랑, 이별에 관한 내용들이 나오면 다 내 이야기를 하는 것 같았고 헤어진 이성 친구와의 추억들이 떠올라 고통을 극복하는 데 크게 도움이 되지 않았다. 회복하는 시간도 많이 걸렸다. 그리하여 이번에는 나를 발전시키는 데 도움이 되고, 부자가 되고 싶어 자기계발서와 경제, 경영에 관한 책들을 찾았다.

부자, 부에 관한 책으로 『부의 추월차선』, 경제·경영으로는 『주식투자 이렇게 쉬웠어?』, 『결국 ETF가 답이다』, 『나는 잠자는 동안에도 해외주식으로 돈 번다』등을 읽었다. 책에서는 부자들이 어떻게 해서 부자가 되었는지 작은 습관부터 독서의 중요성, 주식에 관한 책에는 저자가 주식을 시작하게 된 계기부터 직장인들을 위한 주식 방법까지 상세하게 접할 수 있었다.

책을 읽으면서 어느새 이성 친구와의 안 좋았던 기억들과 이별의 아픔은 금세 사라졌다. 오히려 새로운 것에 도전하여 보란 듯이 성공해서 잘사는 모습을 보여주겠다는 자신감이 생기게 되었고, 내가 잘사는 모습, 성공하는 모습을 보여주는 것이 내가 그녀에게 할 수 있는 최고의 복수라 생각하게 되었다.

　책을 읽기만 하면 지식으로는 남는다. 하지만 도전하지 않으면 아무런 변화도 없고 성공할 수도 없다는 것을 깨달았다. 그리하여 예전부터 미국 ETF주식에 관심은 있었는데 투자방법을 몰라 책을 읽으면서 알게 된 〈한투협〉에 가입했다. 책의 저자이자 〈한투협〉의 대표 주이슬 작가에게서 내게 연락이 온 것이다.

　주이슬 작가를 한번 만나보고 싶다는 생각을 품었었는데 생각보다 빠르게 연락이 되었고, 주식투자 컨설팅을 해준다고 하여 협회로 직접 찾아가 만나볼 수 있었다. 책의 저자를 내 생애 직접 독대로 만나본 경험은 처음이었다. 너무나 반가워서 내가 구입한 책들을 들고 가 주이슬 작가의 사인도 받고, 함께 인증샷도 찍을 수 있었다. 그리고 미국 ETF 주식투자에 도전하기 위해 경제 원리와 주식의 이해, 돈의 흐름 등 교육을 받았다.

　실전 투자를 경험해보려 하는 순간에 러시아와 우크라이나의 전쟁으로 주가가 하락하고 있는 상황이라 투자를 아직 시작하지는 않았다. 상황을 더 주시하며 좋은 상황이 오면 그때 실전투자를 해보기로 하고, 지금은 대기 상태이다. 상황이 풀려 좋은 기회가 오면 나는 미국 ETF 주식투자에 도전할 것이다. 그리고 '나는 보란 듯이 성공할 것이다.'

'불확실성'이 주는 고통은 걱정, 강박과는 질과 양이 다르다. 자격시험을 앞둔 수험생, 수사와 재판을 받는 시민, 선거를 앞둔 후보자, 업무실적이 나쁜 회사원, 반응이 없는 제품을 보는 사장. 이들에게 고통을 주는 것은 불확실성이다. 삶의 주체는 자신이다. 성공적인 결과는 즐길 일이나 실패했다면 고통을 삶의 무기로 만드는 기회로 삼자. 불확실성의 고통에서 벗어나려면 어떻게 해야 할까?

첫째, 상황을 받아들이고 변화를 정확하게 파악한다. 둘째, 자신을 성찰하고 잘할 수 있는 것을 찾는다. 셋째, 실현 가능성에 비중을 둔 목표를 세운다. 넷째, 목표와 행동의 근거를 만든다. 이때는 철학 서적, 자기계발서가 도움이 된다. 다섯째, 시도한다. 시도하지 않으면 성공도 실패도 없다.

시시포스(Sisyphus)의 신화는 신화일 뿐이다. 수많은 시도가 고통을 이겨낸 삶을 만든다. 나에게 온 고통을 원망하지 말자. 새로운 삶을 선택하고 책임질 수 있도록 기회를 만들자. 인간 삶의 평가는 마지막에 해야 옳다. 당신이 고통을 가볍게 이겨내고 서점에 나가 눈길이 가는 책을 찾아보는 것은 어떨까? 그렇게 책을 몇 권 구매하고 가까운 카페에서 커피한잔하면서 책을 읽어보는 것을 추천한다.

05

독서가 삶의 변화를 만든다

'인생을 바꾸겠다.' 결심하면서 왜 하필 책을 읽었냐고 묻는다면 이보다 더 적합한 대답은 없을 것 같다. 책이야말로 가장 흔하고 사소하게 삶에 마법을 걸 수 있는 도구이기 때문이다. 아무리 밑바닥 인생이어도 2만 원으로, 단 몇 시간의 투자로 심장이 요동치는 경험을 할 수 있는 건 오직 책뿐이다. 다른 방식의 삶과 그 길로 가기 위한 다른 생각과 행동을 알려주는 데 책만큼 적극적인 스승은 없다. 그래서 나는 책을 읽었다.

지금까지와는 다르게 살고 싶다면 '다르게 살고 싶다.'라고 다짐만 해서는 아무것도 변하지 않는다. 매년 해가 바뀔 때마다 대부분의 사람은 작년과는 다르게 살겠다고 다짐한다. 하지만 변화를 이루어내는 사람은 손에 꼽을 정도다. 이유는 확실하다. 다르게 사는 법을 모르기 때문이다.

다르게 살기 위해서는 먼저 다른 생각을 품어야 한다. 다른 언어를 쓰고 다른 패턴으로 행동해야 한다. 하지만 '어떻게'라는 문제에서 장벽에 부딪히자 나는 책을 찾았다. 인생을 전환할 아주 구체적인 방법을 배우고 싶었다.

변화가 간절한 순간 책에서 답을 구한 나의 이야기를 풀어내려면 중학생 시절로 거슬러 올라가야 한다. 나는 경제적으로 풍족한 가정은 아니지만 성실하고 책임감 있는 부모님 슬하에 첫째로 태어났다. 넉넉한 삶은 아니었지만 5년 차이가 나는 여동생과 함께 따뜻하고 행복한 유년 시절을 보냈다. 하지만 IMF사태가 터지자 아버지는 명예퇴직을 하셨고, 회사에서 받은 퇴직금과 금융권에서 대출을 받아 철강 공장을 설립하셨다. 중소기업이었다. 하지만 IMF시절이라 우리나라의 자금 회전이 원활하지 않았고 나라 자체가 빚더미에 올라앉았는데 이름 없는 중소기업쯤은 쉽게 무너지는 것은 한순간이었다.

집에는 가전제품과 가구에 빨간 딱지가 붙었고, 집도 담보물로 잡혀 경매에 넘어갔었지만 책임감이 강한 부모님은 맞벌이로 중소기업에 취업하여 피땀 흘려 어렵게 번 돈으로 집만큼은 지켜내셨다. 예민할 나이에 급격한 환경변화가 생겼지만 부모님은 우리에게 내색하지 않으려 애쓰셨다. 그리고 부모님께서도 이런 일, 저런 일 가리지 않으시고 여러 일을 닥치지 않고 하셨고, 조금씩 모아두신 자금으로 밭농사 위주로 비닐하우스 농사일도 직접 일구셨다. 부추, 고추, 상추, 시금치 돈이 된다고 하는 작물은 다 해보신 것 같다. 나도 한 번씩 도와드리러 가보면 여름에는 뙤약볕으로 무덥고 겨울에는 차디찬 바람으로 엄청 추웠다.

새벽 일찍 나가서 밤늦게까지 일하시다가 들어와 다시 또 새벽부터 나가시는 모습을 많이 봐왔다. 지금은 아버지께서 척추협착증이 와서 농사일은 접으셨고 수술도 하셨다. 그래도 또 아버지는 소일거리라도 찾아 벌어야 한다며 비료 생산 공장에서 일하신다. 부모님은 지금까지도 직장 생활을 하며 나와 여동생에게 손 내밀지 않으시려고 많은 급여는 아니지만 열심히 벌면서 한 달, 일 년을 매해 악착같이 열심히 사신다.

내가 어릴 때는 부모님께서 우리에게 내색하지 않으시니 몰랐다지만, 지금 이대로 산다면 내 미래는 부모님과 별반 차이가 없다는 생각을 하게 되었다. 희망과 열정, 기대가 없는 삶. 나는 억울하고 분통했다. 하지만 이내 지금의 나를 만든 것은 다름 아닌 나 자신이라는 사실을 깨달았다. 집이 망했다고, 가족이 희망을 잃었다고 모든 사람이 나처럼 스스로를 불행으로 내몰며 살지는 않을 것이다. 나에게는 변화가 절실했다.

'이대로는 안 돼. 처음부터 다시 사는 법을 배워야 해!'

그때까지 나는 내 인생임에도 멀찌감치 서서 구경만 했다. 그런데 처음으로 주인공이 되고 싶었다.

'어디서부터 어떻게 시작해야 할까?'

나는 며칠 동안 아주 진지하게 고민했다. 부모님의 모습을 본 후 나는 처음으로 작은 목표를 세웠다. 일단 집에 있는 책을 몽땅 다 읽어보기로 결심했다. 그게 시작이었다. 어쩌면 모든 것의 시작. 인생의 의미를 새롭게 찾고 스스로 기쁨과 행복을 발견하는 방법을 익히고 다양한 도전 목록을 만들어 하나둘 완성해나가는, 생생히 살아 숨 쉬는 진짜 인생을 살기 시작했다. 그렇게 독서가 삶의 변화를 만든다.

"3년간 1,000권 독서로 삶의 임계점을 넘어라. 이 책에서 말하는 3년간의 독서는 단순한 취미나 교양을 위해 틈날 때마다 책을 읽는 것을 말하는 게 아니다. 3년이란 시간 동안 인생이 기적처럼 바뀌기 위해서는 1,000권의 책을 읽어야 하는 것이다. 3년간 1,000권의 독서는 단순한 숫자 이상의 의미를 갖고 있다. 3년 동안 1,000권의 책을 읽으면 삶의 임계점을 돌파하게 된다. 삶의 임계점이란, 의식과 사고가 비약적으로 팽창하여 인생이 획기적으로 전환되는 시점을 말한다. 이렇게 획기적인 인생 역전은 3년이란 한정된 시간 동안 1,000권의 책을 읽어야 비로소 가능해진다.”

— 김병완, 『48분 기적의 독서법』 중에서

하나, 나에게 맞는 책을 고르는 눈이 생긴다. 이건 아주 중요한 이야기다. 나도 그전까지는 남이 골라준 책만 읽었다. 어떤 대학이나 기관에서 추천하는 책, 그해 가장 많은 사람들이 읽었다는 책, 친구나 가족이 권하는 책, 책을 고를 때 나만의 기준이 없었다. 간혹 얻어걸려서 인생 책이라 할 만한 것들이 생기기도 했지만 그런 경우는 흔치 않았다. 하지만 독서량이 늘어나자 내가 좋아하는 분야, 작가, 문체, 감성이 보였다. 나중에는 책 표지와 목차만 봐도 나를 흔들 책인지 아닌지 대략 감이 왔다. 이건 다른 말로 나에 대해 좀 더 잘 알게 되었다는 의미이기도 하다. 내 취향, 성향, 비전, 심지어 무의식까지 말이다.

둘, 깊게 듣는 법을 터득한다. 읽기는 다른 방식의 '경청'이라 할 수 있다. 누군가와 면대면으로 만나 귀를 여는 것도 '듣기'이지만 눈으로 타인의 의견과 인생 이야기를 읽는 것도 깊게 듣는 방법 중 하나다. 나는 시대와 국경을 초월한 이들의 목소리를 가슴으로 들으며 수용하고 집중하는 법을 배웠다. 스스로는 침묵하면서 온 마음을 열어 귀를 기울이는 행위, 독서란 그런 것이다. 독서를 통해 이 과정을 반복하고 익히면서 나에게 맞는 선택을 해야 하는 수많은 갈림길에서 도움을 받았고 다른 사람들의 말을 제대로 듣는 법도 배웠다.

셋, 빠르고 정확한 의미 파악이 가능하다. 같은 일을 반복하면 뇌에서는 그 일에 대한 새로운 회로가 생긴다고 한다. 그 일을 반복하고 또 반복하면 새로운 신경회로를 고착화시킬 수 있고 이로써 완전히 다른 사고나 행동이 가능해진다. 나 역시 처음에는 책 한 권 읽는 데 일주일 이상 걸렸다. 읽는 속도가 아니라 이해하는 속도가 더뎠기 때문이다.

단순한 문장도 의미파악이 안 되어 읽고 또 읽다 보면 어떤 날은 한 쪽을 붙들고 몇 시간이 지났다는 생각에 한숨이 절로 나왔다. 이제는 한 권의 책을 읽는 데 하루 이틀이면 다 읽는다. 그리고 더 나아가 두세 시간이면 다 읽을 수 있도록 더 많이 읽고 노력할 것이다.

넷, 나만의 인생 방정식을 완성할 수 있다. 어떤 문제도 하나의 답만 존재하지 않는다는 것을 책을 통해 깨달았다. 문제를 해결하는 절대적인 법칙이나 유일무이한 길은 없다. 어떤 사람에게 유레카를 외치게 한 해답이 다른 사람에게는 아무짝에도 쓸모없는 것일 수 있다. 인생을 살아가며 전하는 여러 문제에 대해 철학자, 심리학자, 소설가, 기업가마다 다른 답을 내놓는다는 놀라운 사실을 발견한 것도 다독이 준 선물이다. 자신이 처한 환경이나 직업, 살아온 배경에 따라 전혀 다른 답을 들려주는 것이다. 당연한 이야기지만 처음엔 조금 혼란스러웠다. 예를 들어 '하고 싶은 일을 하며 살아야 하나, 잘하는 일을 해야 하나?'와 같은 문제에 어떤 책에서는 "하고 싶지 않은 일로 성공한 사람은 세상에 한 명도 없다."라고 말하고, 다른 책에서는 "잘하는 일을 직업으로 삼고 돈을 많이 번 뒤에 하고 싶은 일로 나머지 생을 꽉 채우라."라고 말한다. 하지만 이제는 안다. 성공한 그들의 인생 방정식이 중요한 게 아니라 그것들을 교훈 삼아 다른 사람들의 이야기를 통해 나답게 사는 길을 고민하고 경험하는 것이다.

06

독서는 선택이 아니라 필수이다

평일과 주말에 독서는 필수이다. 그러니까 매일매일 읽는 습관이 중요하다. 난독증이라고들 말하는 증상이 책을 읽지 않는 버릇으로 갑자기 책을 읽으려고 하니, 못 읽는 증상이다. 대부분 디지털로 해결하는 시대가 온 만큼, 종이책을 꾸준히 읽어보자. 좋은 내용들이 많아서 삶의 가치관이라든가 생활 방식 그리고 마인드가 바뀐다. 그럼 행동이 바뀌고 행동이 바뀌면 삶이 바뀌는 구조다.

그래서 평일과 주말에 독서에 열중하는 이유다. 일요일 하루는 아무것도 안 한다. 책도 안 읽고 의식의 흐름에 맡긴다. 어제도 저녁을 먹고 바로 책을 읽었다. 확실히 독서를 하면 시간이 빨리 간다. 잠깐 책 읽고 시간을 보면 30분이 그냥 지나가 있다. 카페에서도 책 읽다가 창밖을 보면 벌써 해가 지고 있는 경우도 더러 있다. 점점 사람 만나는 것보다 혼자 책 읽는 시간이 더 좋아지기 시작했다. 그래도 가끔 '좋은 여자 친구가 있었으면 좋겠다.'라는 생각이 드는 것도 사실이다.

지금 읽고 있는 책은 투자 관련 서적인데, 정말 재밌다. 대가들의 책들은 확실히 통찰력이 다르다. 100억대 자산가들이 쓴 책들도 훌륭하지만, 그 이상 조 단위에 억만장자들이 쓰는 책들을 보고 있으면 완전 다른 레벨이다. 확실히 다르다. 현실과 동떨어진다고 느낄 순 있으나, 아예 불가능하진 않다. 그들은 원칙을 세우고 미친 사람 마냥 그 원칙을 지켰을 뿐이다.

독서에 대한 열기는 바로 그 나라 미래를 재는 척도이다. 어느 시대이건 국민들의 독서 자세를 보면 그 나라의 잠재력을 알 수 있고 청소년들의 미래관을 엿볼 수 있다. 사실인지 몰라도 유럽의 어느 공사장에서 점심시간에 햄버거를 먹는 잡부가 뒷주머니에서 철학책을 꺼내더라는 이야기가 있다. 특히, 어린 시절, 학교생활에 잘 적응하지 못했던 윈스턴 처칠은 "나의 가장 큰 즐거움은 책 읽기였다."라고 술회할 정도였다. 이외에도 나폴레옹은 전쟁터에서도 말 위에서 책을 읽었다는 일화가 있으며 그는 대문호 괴테와 악성 베토벤을 매료시켰을 정도로 빼어난 학식과 교양, 예술적 감각이 있었다고 전한다.

책 읽는 사회가 되려면 지식이 우대받는 세상을 만들어야 하며 여기서 지식이란 졸업장이나 자격증과는 다른 개념이다. 우리 사회는 지식인을 인정하지 않고, 그냥 졸업장만을 인정하고 있어 진정한 지식이 우대받는 사회가 바탕이 되지 않으면 나라의 발전은 어려울 것이다. 또한, 빌 게이츠는 역사나 세상에 관한 폭넓은 책 읽기를 바탕으로 앞서가는 소프트웨어의 필요성과 구조를 고안해냈다. 그는 매일 밤, 한 시간씩, 주말에는 두세 시간씩 책을 읽었고, 출장 갈 때는 꼭 책을 챙긴다고 한다. 이렇게 독서를 통해 우리는 무한한 지식세계를 만날 수 있으며, 지식세계를 두루 섭렵함으로써 창의력과 영감의 원천을 경험할 수 있을 것이다.

독서를 외면하는 국가는 미래의 희망이 없다고 표현할 수 있고, 독서를 함으로써 지식기반을 구축해 그 위에 선진국의 좌표를 그릴 수 있는 터전을 만들어야 한다. 이제는 우리도 국가적으로 많은 발전을 해왔고, 사회적으로도 많은 변화를 보이고 있는 시점이다. 누구에게나 하루 똑같은 24시간이 주어진다. 한가한 사람이나 바쁜 사람이나 모두 같으며 자투리 시간도 이 24시간 안에 들어 있다. 바쁜 삶을 사는 현대인들에겐 이 자투리 시간을 어떻게 보내느냐에 따라 미래가 달려 있다고 해도 과언이 아닐 것이다. 자투리 시간을 이용해 독서하는 습관을 길러보자. 사실 독서라는 것이 처음에만 어렵지 습관만 붙인다면 필요한 정보와 지식을 얼마든지 얻을 수 있고 이를 통해 자신감을 얻어 공부든 뭐든 더 잘할 수 있다. 지식 창출도 책 읽기에서 비롯되지만 지식을 숙지하고 배우는 것도 책에서 시작되기 때문이다.

이처럼 만약 우리 사회에 책이 없었다면 문화나 문물, 기타 지식을 배우고 전달하기란 불가능하고 지식이나 정보의 활용 면에서도 크나큰 장애요인이 되었을 것이다. 책을 읽지 않는 나라가 선진국이 된 예는 없으며 앞으로 있을 수도 없을 것이다. 이러한 독서 과정은 선택이 아니라 선진사회로 가는 필수 과정이기 때문이다. 몸의 양식이 음식이라면 마음의 양식은 독서로 독서를 통해 합리적 가치관을 정립하게 하고 생각의 폭을 넓혀주는 일은 중요하다고 본다.

독서가 현대인들에게 더욱 필요한 이유에는 '선택의 페러독스(the paredox of choice)'라는 현상이 있다. 선택지가 많을수록 우리는 더 나은 의사결정을 할 것 같지만, 실제로는 오히려 만족스러운 결정을 방해한다는 현상이다. 하지만 올바르고 신뢰할 수 있는 정보인지 찾고 선택하는 것이 더욱 어려워진 것이 문제다. 현대 사회에 접할 수 있는 정보는 많고 다양하지만 오히려 그런 복잡성이 선택과 결정을 어렵게 만든다. 그래서 개인이 기존에 선호하고 익숙한 정보를 더욱 자주 접하게 되는 편향성이 생기기도 한다. 개인이 접하는 정보의 다양성이 떨어지고 사고가 정체되어 편견이 자리 잡는 위험이 생긴다.

'물의 흐름이 없는 웅덩이는 썩는다. 정신도 마찬가지다. 새로운 생각의 흐름이 없다면 우리의 내면도 정체되고 썩고 만다.'

그래서 신뢰할 수 있는 질 높은 정보를 판별할 수 있는 지식과 기준을 갖추는 것은 현대인의 개인적 삶의 질을 향상을 위해서라도 필수적인 요소다. 그래서 독서를 한다는 것은 더 진실되고 올바른 정보를 접하여 기존에 자리 잡고 있던 고정관념과 생각에 변화를 가져다주어 새롭고 더 나은 기준으로 자신과 세상을 평가할 수 있다. 훌륭한 지식은 내가 가진 고정관념과 편견이라는 벽에 금이 가게 만들며 깨트려버린다. 그 결과 더 넓은 세계관과 더 멀리 볼 수 있는 시야와 소양을 갖출 기회를 가져다 준다.

책은 최소한 출판사와 계약하여 소비자가 상품을 구매하여 이윤을 창출하고자 하는 목적이 있기에 편협하거나 수준 낮은 정보를 담은 글은 출판사와 계약하고 유통하고 판매할 수가 없다. 또한 사람들이 서평과 독후감을 통해 수많은 평가를 통해 수준이 낮은 책과 정보는 걸러지며 좋은 평가를 받는 책은 사람들 입에 오르내리며 계속 그 정보가 널리 퍼진다.

물론 베스트셀러라고 무조건 신뢰해서는 안 된다. 지나치게 상업적으로 양산되는 짜깁기된 알맹이 없는 실속 없는 책들도 정말 많다. 그래서 사람들이 남긴 수많은 서평들을 통해 '검증된' 책들을 접하여 정말 격이

다른 정보가 무엇인지 스스로 실감하고 독서에 재미를 붙이며 자신의 삶을 더 낫게 만들어낸다면 정말 이보다 더 좋을 수 있을까?

"좋은 책을 읽는다는 것은 과거의 가장 훌륭한 사람들과 대화하는 것이다."
―르네 데카르트

책을 읽는다는 것은 단순 비유가 아닌 실제로 한 사람과 대화를 나누는 것 같다. 좋은 책을 읽음으로써 훌륭하고 대단한 지식과 통찰, 가치관을 엿보고 자신의 것으로 얻어낸다면 시간이 흘러 자연스럽게 책을 보는 안목이 생기고 이는 자연스럽게 실제 사람을 평가할 때도 이 기준들을 사용할 수 있다. 좋은 책을 읽으면 결국 좋은 사람을 보는 안목이 생긴다.

독서의 중요성이 날이 갈수록 커져만 가는 지금, 코로나19로 인해 밖으로 나가지 못하고 다른 사람들과 쉽게 만나기 힘든 만큼 우리가 인간답게 살아가기 위해 독서를 통해 더욱 다양한 이야기와 검증된 정보들을 접하여 더 풍부하고 감성과 풍요로운 삶을 직접 일구어낼 수 있지 않을까 생각한다. 그래야만 글로벌 시대에 맞는 지식인이 될 수 있을 것이다. 현대인들의 삶에 독서는 선택이 아니라 필수이다.

07

코로나 시대, 독서가 필요한 이유

시대가 어지럽다. 나는 무엇을 해야 할까? 코로나뿐만 아니라 여러 가지 정치·사회적 문제들로 시끄러운 상황이다. 이때 나는 무엇을 해야 할까? 나는 무엇을 준비해야 하며 어떤 시선을 가지고 분별해야 할까? 사실 나도 잘 모르겠다!

하지만 내가 해야 할 것이라 생각하는 분명한 것 한 가지는 '독서'다. 코로나 시대인 지금, 독서는 선택이 아니라 필수이다. 혼자만의 소용한 시간을 가지고 다른 이들의 생각과 마주하고 나아가 자기 자신과 마주하는 시간이 필요하다. 매번 상처받으며 일에 치이고 이리저리 사람 만나러 다니느라 조용한 자기 시간을 갖지 못한다면 자신이 누구인지, 어디로 가는지, 어디로 갈 것인지 방향과 정체성을 잃어버리게 된다. 책을 읽는 시간들은 단순히 글자를 머리에 입력하는 시간이 아니다. 자기 자신과 마주할 수 있는 시간이다. 또한 책 읽는 시간을 가지면 자신의 삶의 변화를 만드는 시간이라 할 수 있다.

나는 최근까지 책을 읽는 것만 독서인 줄 알았다. 보통 책 읽는 것을 독서라 생각한다. 그런데 생각해보면 독서의 범위는 참 넓다. 독서하듯 배움의 자세로 변화하려는 자세로 삶을 살아가는 것도 독서다. 사람을 만나고 일을 하고 가족들과 시간을 보내고 식사를 하고 교제를 하고 이 모든 삶이 독서가 된다. 가만히 보면 책도 결국 대부분이 세상과 사람에 대한 이야기다.

사람들과의 교제 가운데서도 나는 독서하는 느낌을 받고 치열하게 오늘 주어진 삶을 살아내면서도 독서하는 느낌이 든다. 그러면 책 읽는 독서는 안 해도 될까? 아니다! 책 읽는 독서는 다른 독서들을 잘하도록 돕는다. 도움이 아주 많이 된다. 책 읽는 독서를 해야 다른 종류의 독서들을 훨씬 깊이 의미 있게 할 수 있다.

다른 독서들에서 깊은 배움을 건질 수 있다. 나는 독서를 잘하기 위해서 독서한다. 미친 듯이 독서하면 이전과는 다른 차원의 삶의 독서로 들어가게 된다. 하루를 독서하는 것이 다르게 다가올 것이다. 독서 잘하기 위해 독서하자!

요즘 뉴스를 봐도, 사람들과 이야기를 해도 어딜 가나 미래 전망이 어둡다고 한다. 누구도 상황이 빨리 좋아지지 않을 것이라 말한다. 우리는 바로 지금 코로나 시대에 우리의 다가올 미래를 대비해야 한다. 미래를 대비하지 않는 사람들에게 미래는 재앙이다. 지금부터 미래를 위해 준비해야 한다.

저축도 미래 준비의 한 가지가 될 수 있지만 미래 대비 중에 가장 중요하고 필수적인 것은 바로 '끊임없는 독서'다. 눈부신 미래를 만들기 위해서는 반드시 독서와 함께해야 한다. 누가 뭐래도 끊임없이 독서해야 한다. 나는 한때 독서했던 사람들을 많이 봐왔다. 그런데 그 사람들 중에는 지금까지 독서하는 사람은 극히 드물다.

다들 유행에 이끌려 잠깐 독서에 열을 올렸을 뿐이다. 귀찮아지고 바쁜 일들이 생기면 독서를 놓아버렸다. 나는 그런 사람들을 수도 없이 많이 봐왔다. 그들의 지금은 초라하기 그지없다. 그들은 그들의 삶을 주도하지 못하고 상황과 환경에 끌려가는 인생을 살고 있다. 그들 자신의 영역에서 선도자가 되지도 못하고 성공하지도 못한다. 그들에게서 점점 발전하는 모습은 볼 수 없다.

잘하면 현상 유지이고 대부분이 삶이 어려워지고 있다. 지금 당신 곁에서 독서를 포기한 사람들의 결말을 지켜봐라. 그들의 삶의 수준은 형편없을 것이다. 관계에 있어서나 경제적인 면에서나 사회의 커리어 면에서나 그들은 하찮은 삶의 수준을 면치 못할 것이다. 계속해서 자신의 인생을 눈부시게 바꾸고자 역사의 위인들과 같이 끊임없이 배우고 독서한 사람들은 날이 갈수록 '성장'을 이룬다. 그들의 어제와 오늘은 또 다르다. 오늘과 내일이 또 다르다. 독서도 마음이 겸손한 사람들만이 할 수 있는 것이다. 배우고자 달려드는 겸손한 마음이 있는 사람들은 결코 독서의 끈을 놓지 않는다.

독서를 놓는 것은 바로 자신의 삶의 발전과 성장을 포기해버리는 것과 같기 때문이다. 지혜로운 사람들은 이것을 알고 있다. 이들은 한때 독서하다 포기하지 않는다. 배움이 죽을 때까지 지속되어야 한다는 것을 알고 있기 때문이다. 이러한 사람들은 끊임없이 독서하며 자신의 삶을 계속해서 바꿔나간다. 이렇게 배움의 자세로 끊임없이 독서를 이어나간 사람들은 자신의 분야에서 두각을 나타낸다.

삶의 수준은 책을 쳐다도 보지 않는 일반인들과 차원이 다르다. 그들은 자신이 정말 좋아하고 즐거워하는 일을 찾고 자신이 있어야 하는 자리를 찾아 그곳에서 자신의 재능을 드러낸다. 경제적인 부를 얻으며 남들과 다른 사회적 커리어도 얻는다. 삶의 의미를 발견하며 그들은 행복을 느끼며 삶의 자유를 누리며 의미 있는 삶을 살아간다.
그것뿐만 아니라 내 이웃과 세상에 선한 영향력을 끼치며 다른 이들의 삶도 건강하고 멋지게 바꿔주는 삶을 살아간다. 끈질기게 독서한 사람과 독서를 포기한 사람은 이렇게 날이 갈수록 삶에 확연한 차이를 경험하게 된다. 삶의 수준은 차원이 다르게 대비된다. 바쁘다는 핑계를 대며 스마트폰에 빠져 살고 쓸데없는 일에 시간을 낭비한 사람들은 자신이 원하지 않는 일을 평생 하며 경제적으로 풍족하지도 못하고 삶의 어려움 가운데 자기 자신도 챙기기 버거운 삶을 살아간다. 그들은 출근하기 싫은 월요일을 두려워하며 행복하지도 않고 의미도 없는 삶에서 그저 그런 인생을 살아가게 된다.

나 역시도 예전에는 책을 읽기만 했다. 바쁜 일이 생기면 덮어버리기 일쑤였으며 혼자만의 조용한 시간에는 TV를 보거나 잠을 자는 등 나 자신이 누구인지, 어디로 가는지 방향과 정체성을 모르는 당신과 똑같은 일상이었다. 학교를 졸업하고 더 좋은 직장만 찾아다녔고, 취업이 되어서 출근하게 되면 열심히 일만 했다. 내 주변 사람들 거의 대부분이 직장 생활을 하는 직장인이었고, 모두 다 그저 그렇게 크게 다르지 않은 일상을 보내는 사람들이었기에 나도 그것이 당연한 것인 줄만 알고 있었다.

하지만 지금은 읽기만 해서는 안 되겠다는 생각이 들었다. 코로나 시대인 만큼 책을 읽었으면 지금 당장 내가 할 수 있는 것들로 도전해야겠다는 생각이 잡혔다. 2022년 새해가 밝아온 만큼 코로나 시대라고 마냥 아무것도 하지 않으면 변화하지 않는다. 새해에는 변화를 가져보겠다는 다짐을 했다. 이 다짐은 그저 그런 흐지부지 작심삼일이 아니다. 나는 변화해야 한다. 변화해야만 한다. 변화할 것이다.

나는 삶의 변화를 가질 것이라고 몇몇의 지인들에게 말을 했더니 대단하다고 한다. 큰 꿈을 가져서 좋은 것이란다. 내 말을 들어준 본인과는 생각의 차원이 다르다고 말한다. 부정적으로 말을 하는 것이 아니라 대단한 긍정의 말이었다. 하지만 '자신은 가정이 있어서', '직장생활에만 몰두해서', '돈이 없어서', '여가시간이 없어서'라는 여러 가지 이유를 대면서 도전이나 변화라는 생각을 할 수 없다고 한다. 아니 도전이나 변화라는 단어조차 쉽게 생각할 수 없었다고 한다.

나도 불과 얼마 전까지만 해도 똑같은 생각으로 도전이나 삶의 변화를 가질 생각을 하지 않았기 때문에 조금은 이해하지만 전부 다 부질없는 핑계라고 말하고 싶다. 가정이 있으니까, 직장인일수록, 돈과 여가시간이 없을수록 삶의 변화를 만들어야 할 때라고 말해주고 싶다. 나도 직장인이고, 돈과 여가시간이 많아서 삶의 변화를 가지려고 다짐한 것이 아니다. 오히려 돈과 여가시간이 없으니까 더욱더 삶의 변화를 만들겠다는 다짐을 할 수 있었고 변화를 시작하게 된 것이다.

역사에 남을 뜻 있는 일을 해보고 싶은가? 지금은 코로나 시대! 독서하

자. 나로 인해서 세상이 확! 뒤집어지는 놀라운 일이 일어나기를 원한다면 그 꿈을 실현시킬 가장 확실한 길이 독서에 있음을 깨닫자. 책은 모든 사람에게 기회를 준다. 누구든 책의 능력을 내 것으로 하는 사람이 세상을 변화시킨다.

READ

2장

독서는 삶의
유일한
무기가 된다

01

독서는 삶의 유일한 무기가 된다

　독서! 누구나 해야 하는데 누구나 하지 않는다. 이런 말이 있다. 맛있는 음식을 "안 먹어본 사람은 있어도 한 번만 먹어본 사람은 없다." 독서가 그러하다. 우리나라 성인 중 1년이 되어도 독서를 하지 않는 사람이 절반에 육박한다. 그 이유는 안 읽어봤으니 독서의 맛을 모르기 때문이다. 하지만 독서의 맛을 본 사람은 계속해서 독서를 한다. 그 맛을 알기 때문이다. 결국 독서를 하지 않는 사람과 독서를 히는 사람의 차이는 시간이 흐르면서 점점 격차가 벌어질 수밖에 없다.

　이는 '초격차', 즉 감히 누구도 쉽게 넘볼 수 없는 차이를 만드는 만큼 격차가 벌어지게 된다. 또 '부익부 빈익빈'이란 말이 있다. 경제력의 부익부 빈익빈이 아니다. 지식과 지식 활용의 부익부 빈익빈이다. 경제력보다는 지식의 부익부 빈익빈이 더 심할 수 있다는 것을 기억해야 한다. 이는 사람들 중에 독서도 부익부 빈익빈이 뚜렷하기 때문이다. 세상은 지식으로 이루어져 있다. 지식으로 이루어져 있는 것은 오늘날뿐이 아니다. 태초부터 그랬다.

나는 실업계 고등학교(포항해양과학고등학교)를 졸업했다. 당시 실업계 고등학교 3학년 2학기(2002년도)에는 기업체 현장 실습을 나갔다. 전공은 수산양식이라 대부분의 실습은 양식장으로 실습을 나가는데 나는 부산에 있는 한국해양대학교 유전육종학 연구실에 일용직으로 실습을 나갔다. 해양대는 부산 영도구 조도라는 섬 속의 섬에 위치한 학교였다. 연구실에서 조그마하게 만들어 놓은 양식장이 있었는데 나는 양식장 관리업무를 맡았다.

양식장 시설은 건물의 반지하보다는 천장이 낮은 1층 공간이라고 할까? 바닥으로 볼 때는 1층이 맞는데 천장으로 보면 완전한 1층이 아닌 공간이었다. 건물의 로비를 높여놓아서 로비의 아래 공간이라고 하는 게 맞을 것이다. 천장이 낮아서 똑바로 서서 다닐 수가 없었다. 꼭 허리를 숙여서 다녀야 했다. 관련학과 대학생들은 수업이 있을 때 실습장으로 왔다. 대학생들하고 나와는 적게는 한 살 차이부터 예닐곱 살 차까지 다양했다. 나 혼자 먼 곳까지 실습을 왔다고 하나같이 다들 잘해주었다.

나는 고등학교 1학년 때부터 내신 성적을 관리 잘하면 내신으로도 대학을 갈 수 있다는 이야기를 들었다. 그때부터 나는 내신 관리를 잘했다. 실습을 나와 일해보니 마냥 좋은 것은 아니었다. 80만 원~90만 원 정도로 많지도 않은 급여에 일은 혼자 맡아서 했다. 혼자서 할 수 없는 어려운 일이 생기면 도와주는 사람 없으니 스트레스만 받았다. 처음으로 사회생활을 접하는 시기라 노동으로 일하는 게 싫었다. 그때 처음으로 느낀 것이 책을 보는 것이 더 쉬운 일이구나 하는 것이었다.

내신 성적이 좋으니 대학교에 진학해야겠다는 생각으로 그해 겨울 부산 국립 부경대학교에 원서를 지원했고 서류전형과 면접에 합격하였다. 예비 대학생이 된 것이었다. 이듬해 봄에 입학하고 대학교 도서관에 가보았는데 원래 있었던 도서관은 낡고 작은 규모라 도서관을 확장하는 공사를 하고 있었고 확장된 도서관은 개방하고 들어갈 수 있었는데 엄청 크고 책도 많았다. 입학하고 학교생활은 강의실, 도서관, 자취방 외에는 거의 다니지 않았다.

대학교를 졸업하고 내가 사회초년생일 때 일이다. 사회초년생으로 처음 입사했던 곳은 국립수산과학원 동해수산연구소 소속의 독도수산연구센터였다. 그래도 연구소라서 타이틀은 좋은데 내 직책은 비정규직 사원으로 보조연구원이었다. 급여는 아직도 정확하게 기억하는데 당시 1,031,000원으로 근로계약서에 명시되어 있었고 세금 떼고 실수령은 95

만 원 정도였다. 독도수산연구센터에서는 1년에 네 차례 계절별로 독도 주변 해역과 강원도 강릉, 삼척 등 연안에 연구선을 타고 해양생물조사를 나갔었다.

연구선은 트롤선인데 어군탐지기를 확인하고 동해안 심해에 그물을 내려 몇 시간씩 그물을 끌어봤었지만 올라오는 것이라고는 생물은 별로 없었고 바다에 버려진 쓰레기가 가득했다. 평상시 연구센터에서는 죽도 시장 어시장에서 구매한 각종 어류나 오징어, 문어(연체동물) 등을 해부하여 내장(위), 생식소, 신장, 이석 등을 채취하여 분류해두면 연구사들이 실험하고 연구하는 데 사용되었다.

연구소생활 1년 6개월까지는 바쁘게 잘 다녔다. 2년 차 하반기에 들어가니 센터 내 연구사들 사이에서는 비정규직 직원들 또 채용공고 올릴 시기가 되었다고 말이 나오길래 추가 모집인 줄 알았었다. 어느 날 연구사 한 분이 내게 "자네 근무한 지 2년 맞나?" 하고 묻길래 "네, 그렇습니다."라고 답했다. 그리고 돌아오는 답변은 근로계약이 만료되면 재계약을 할 수 없으니 다른 일자리를 알아보라는 것이었다.

연구사가 설명해주기를 원래는 비정규직 2년 근무하면 이후에는 정규직으로 전환해주어야 하는 것이 맞는데 4년제 학부출신이고 정규직으로 입사하려면 석 · 박사 학위 취득은 기본이고 해외유학을 다녀와야 된다는 것이다. 나는 솔직히 학위와 해외유학 전부 자신이 없었다. 학비, 유학비는 물론이겠지만, 시간을 투자해야 하는데 논스톱으로 학위 취득한다고 하더라도 누구나 다 아는 것이겠지만 내 나이가 서른 살이 된다는 것에 자신이 없었다.

'시간과 비용을 투자하였는데 입사가 안 된다면?'이라는 의문점이 생겼다. 그럼 그 시간은 누구에게 책임을 지라고 할 수도 없는 것이고, 높은 학위로 더더욱 취업의 문턱은 좁아질 것이라는 생각이 더 크게 작용했던 것이다. 그 후로 고등학교 담임선생님의 소개로 경북 포항 청하면 소재에 있는 같은 계열 사료연구센터에 근무 중이신 박사님(연구사) 한 분을 소개받았는데 내가 독도수산연구센터 퇴사하면 사료연구센터로 오라고 하는 것이다. 그 연구사님이 나를 키워주겠다고 하신 것이다. 하지만 나는 독도연구센터에서 들었던 이야기로 상처가 되어 자신감도 많이 떨어져 있었다.

또한 나 개인적인 생각이 강했던 탓인지는 모르지만 독도수산연구센터나 사료연구센터나 같은 국립수산과학원 소속의 연구센터이기에 정규직 입사 조건은 변함이 없을 것이라는 생각이 들었다. 입사해서 근무할 때는 유용하게 잘 사용되지만 2년 후에는 일회용 나무젓가락 다 쓰고 버려지듯이 칼같이 잘라내지는 것이 싫었다. 한번 받은 상처를 똑같은 일로 되풀이되어 두 번 이상의 상처로 남기기 싫어 거절하였다.

비정규직, 일용계약직 형태의 근무가 현재까지도 사회 곳곳에 없는 곳이 없을 정도로 정착이 많이 되어 있다. 지금 현재의 나도 동국제강 포항 공장 내에서 근무를 하고 있지만 협력사의 개념도 똑같은 맥락이다. 협력사로는 정규직이지만 동국제강으로 봐서는 비정규직이다.

문재인 대통령 대선 공략에서 비정규직, 일용계약직 형태의 노동자를 줄이겠다고 선포했다. 대통령 취임 후에는 인천국제공항에 찾아가 공항 청사에서 비정규직 근로자들을 모이게 하여 간담회를 방송했던 적도 있었다. 문대통령은 근로자들의 많은 고충과 의견을 들었고, 대통령 임기 기간 중에 고용형태를 변화시켜 전 국민이 평등하게 안정된 고용문화가 정착되도록 만들겠다고 약속했었다.

방송사에서 문대통령 임기 3년 후에 다시 찾아간 인천국제공항에서는 아무런 변화가 없었다. 퇴임시기인 지금 지지율도 많이 떨어졌고 지키지 못한 약속들이 너무 많아 사회 여러 곳에서 비판도 많이 나오고 있다. 그래서 나는 독서로 나만의 삶의 유일한 무기를 만들어야 된다고 찾게 된 것이다.

삶의 무기가 되는 독서를 해야 한다. 나는 독서를 했고, 독서의 힘을 알고 있다. 독서를 하면 추상화 및 구조화, 축적을 통해 삶의 무기가 만들어진다. 우리가 독서를 해야 하는 이유가 여기 있다. 삶의 무기가 된다. 결국 세상에 막강한 영향력을 미치게 된다. 그러나 현실에서 우리는 독서를 거의 하지 않는다. 그 이유는 사회 전반적으로 독서를 하지 않기 때문이다. 독서가 없는 리더는 지식으로 구성된 세상을 설득하기 힘들다. 최근 독서에 대한 강의를 들었다. 독서에 관심은 많다. 관심을 삶으로 이어가지 못한다. 그러기 위해 부모가 독서를 통해 독서가 삶의 무기가 됨을 보여주어야 한다.

나는 요즘 자주 목격하는 것이 있다. 부모가 일하는 곳에서나 식사 중일 때, 자녀들은 스마트폰과 대화를 한다. 자녀들이 스마트폰 대신 책을 읽게 할 수 있어야 한다. 최근에 한 아이가 부모와 대화하면서, 독서하는 것이 보기가 좋았다. 독서라는 '인풋'을 해야 추상화 및 구조화를 통해 축적을 이룰 수 있다. 축적이 이루어지는 순간, 독서는 삶의 유일한 무기가 된다.

일주일 독서계획을 세워라

책은 우리의 삶을 바꿀 수 있는 힘을 갖고 있지만 정작 현실에서는 점점 외면받고 있다. 그 이유는 IT 기술이 생활 전반에 침투한 요즘 스마트폰을 손에 들고 살고 있으며, 책은 어디에나 존재하지만, 읽을 시간이 부족해 멀리하기 때문이다. 막상 시간을 내어 읽으려 하면 더 재미있는 일이 생각나게 마련이다.

모두가 알고 있겠지만 '독서는 이롭다'는 것을 머리로 아는 것과 실제로 하는 것 사이에는 엄청난 차이가 있다. 이를 넘어서야 한다. 한 가지예로 담배를 피우고 술을 마시는 사람 중에 지금 하는 그 일이 건강에 나쁘다는 것을 모르는 사람은 없다. 패스트푸드를 먹고 운동하지 않으면 비만을 초래하고 더 나아가 성인병이 빨리 찾아온다는 것을 모르는 사람도 없을 것이다. 문제는 그 장벽을 넘어야 하는 방법을 모른다는 것이다.

아는 것과 실제로 하는 것 사이의 장벽. 누군가에게는 그 장벽의 높이는 평생을 시도해도 뛰어넘지 못할 정도로 거대하게 보인다. 아니 실제로 거대하기도 하다. 그래서 많은 사람들이 자극을 받고서야 움직이기 시작한다. 병원에서 암 판정을 받게 된 후에 담배를 끊는다거나 성인병 약을 복용해야 할 지경에 이르러서야 식습관을 바꾼다거나, 삶에 상처를 받아 우울하고 불행해졌다고 느낄 때 비로소 책을 찾는다. 아주 드물지만 엄청난 내공으로 외부 자극 없이 의지만으로 행동을 이끌어내는 사람도 있다.

그렇다면 돌이킬 수 없는 순간에 이르러야 후회의 눈물을 흘리는 것 말고 방법이 없을까? 방법이 있기는 하다. 조금 느리지만 아주 확실한 방법이다. 바로 일주일 독서계획을 세우는 것이다. 구체적으로 매일 20분씩 독서를 시작해보는 것이다. 독서습관은 한 번 형성되면 평생 제대로 우려먹을 수 있다. 하루 20분씩 투자해 삶을 궁극적으로 바꿀 독서습관을 확실히 가질 수 있다면 인생에서 가장 멋진 투자가 될 것이다.

내가 2013년 12월부터 2018년 5월까지 근무했던 티타늄파이프를 생산하는 업체를 다니던 때였다. 생산기술직으로 현장에서 열두 시간씩 근무하는 맞교대 형태의 회사였다. 회사에서 처음부터 독서모임을 가졌던 것은 아니었다. 대표이사 및 임원직 몇 명이 교체되고 새로운 대표이사가 취임 후에 회사의 발전을 위해 독서모임을 가져보자고 제안하고 만들어진 것이다. 독서모임은 한 달에 한 번씩 모이는 것으로 정하고 읽을 책은 회사에서 구매하여 직원들에게 배부해주었다.

처음에는 나도 독서와 독서모임이 익숙하게 물들어 있었던 것이 아니어서 몹시 힘들었다. 또한 독서모임을 회사에서 강제적으로 했던 터라 나뿐만 아니라 전 직원 대부분이 불만이 많았고 힘들어하고 싫어했던 것이 사실이다. 하지만 '피할 수 없다면 즐겨라.'라는 말은 군대 다녀온 남자들이라면 많이 들어본 문구일 것이다. 복지동 2층에는 대강당이 있었다. 대강당에 모여 독서모임을 했었다. 진행은 사무실 소속 총무부에서 맡았다. 읽을 책을 구매해서 지급해주면 한 달이라는 기간 동안 한 권의 책을 읽고 독서모임 지정된 날짜에 대강당으로 모이면 되는 것이었다.

독서모임이 회사에서 강제적으로 진행되다 보니 현장 생산기술직 직원들은 책을 안 읽거나 대충 읽는 사람들이 대부분이었다. 사무실 직원들은 꼼꼼하게 읽고 노트에 필기하고 독서모임에서도 책을 읽고 느낀 점이나 자기 생각을 잘 표현하였다. 그렇게 사무실 직원과 현장직 직원들 사이에 독서법 차이가 뚜렷하게 나타나니 독서노트도 만들어 지급해주었다. 그렇게 회사에서도 개인발전과 회사발전을 위해 직원들에게 노력하는 모습을 보이니 직원들도 참여도를 조금씩 높이기 시작했다. 나도 처음에는 발표하기가 쑥스럽고 어벙벙하게 무슨 말을 하고 있는지도 몰랐다. 직원들 개개인으로 대화할 때는 쑥스럽지도 않고 이야기도 잘하는데 다 아는 사람들이지만 대중 앞에 서게 될 때는 쑥스럽고 긴장이 되는 것인지. 하지만 한두 번 해보고 나니 괜찮아지기 시작했다. 회사 독서모임에서 제공되는 책들도 자기계발서였다.

자기계발서로 개개인이 발전하고 회사에 도움이 되는 직원이 되어달라는 취지였는데 너무 좋았다. 책도 제공되니 지식과 책은 내 자산이 되었다. 그 점이 더욱 좋았다. 독서모임에서 한 권의 책을 하루아침에 몽땅 다 읽으려 하면 익숙하지 않은 사람들은 힘들고 나중에는 읽기가 싫어지는 경우도 있으니 목차를 보고 소제목 하나씩 읽어나간다는 생각으로 하루에 20분씩 읽어보라고 권유해주었다.

한 권의 책을 다 읽을 때까지 많은 시간이 걸렸는데 하루 20분씩 조금씩 나누어 읽으니 한 권의 책을 읽어나가는 재미가 생기고 계획을 세우고 책을 읽다 보니 한 권을 다 읽는데도 점차 시간이 줄어들기 시작했다. 예전에는 한 권을 붙들고 한 달 정도 걸리더니 20분씩 투자하니 2주로 줄어들고 또 적응시켜보니 일주일로 줄어들고 지금은 한 권을 읽는데 2~3일이면 다 읽는다. 직장생활을 하며 읽다 보니 아직은 꽤 많은 시간이 걸리는 편이다. 좀 더 익숙하게 적응시키면 하루 두세 시간이면 다 읽을 수 있지 않을까 싶다.

독서도 계획을 세우고 읽으니 다양한 책을 읽어볼 수 있게 되었다. 회사 독서모임에서 자기계발서를 읽고 맨 처음 도전한 것은 현장 청소하기였다. 내가 작업했던 현장 주변 청소를 하고 현장 직원 화장실 청소는 순번을 정하여 돌아가면서 청소를 했다. 회사 영업부 부장님 이야기로는 기업이 잘 운영되는지 오래 운영해갈 기업인지 알아보려면 그 기업의 화장실을 가보라고 하였다. 화장실이 깨끗하고 청결하게 청소가 잘 되어 있으면 그 기업은 발전되는 기업이고 더럽고 악취가 심하면 그 기업은 오래 버티지 못하고 망해가는 기업이라고 말하였다.

한 기업의 제품 생산량과 제품의 질도 좋아야 하겠지만 화장실이 그 기업의 얼굴이라고 이야기해주신 것이 기억에 남는다. 영업부에서는 원자재 납품 기업과 우리 회사의 제품을 납품하려는 기업으로 수많은 기업을 찾아다니며 영업을 하니 많이 다녀본 경험의 노하우라고 하였다. 우리 회사는 설립된 지 오래되지 않은 기업이라 신축 건물로 많이 깨끗했지만 직원들의 청소습관을 바로잡고 깨끗한 회사를 유지하기 위해 독서를 하고 청소하기에 도전한 것이었다.

당시 우리 회사는 신성장하는 원자력발전소용 터빈과 열교환기, 해수담수화시설 내부에 들어가는 티타늄 튜브(파이프)를 만들어 납품하는 기업이라 많이 깨끗하고 괜찮은 기업이었는데 문재인 대통령의 탈원전 선포로 인하여 원자력발전에 관련된 수많은 기업이 문을 닫아야 했다. 우리 회사도 그중의 한 기업이 되었다.

2022년 새해가 시작된 지 3개월이 지났지만 지금부터 새롭게 독서 계획을 세워보기로 한다. 이때 무작정 '00권 읽기'라고 세우면 중간에 포기하기 쉽다. 일상에 과도한 영향을 주지 않는 범위 내에서 세워야 한다. 독서 계획을 세울 때 자신이 책 한 권을 완독하는 데 어느 정도 시간이 걸리는지 알고 있으면 좋다. 나는 처음 독서를 시작하는 분들에게 책 읽는 시간과 읽은 페이지를 기록해보라고 권한다. 기록을 하다 보면 내가 1분당 몇 페이지를 읽는지 알 수 있다. 데이터가 있으면 일주일에 한 권을 읽고 싶다고 계획을 세울 때 하루에 어느 정도 시간을 내면 되는지 견적을 낼 수 있다.

연간 독서량을 정한 다음에는 어떤 분야의 책을 읽으면 좋을지 고민해볼 시간이다. 현재 가장 관심을 가지고 있는 분야의 책이 우선순위 1번이다. 뭐니 뭐니 해도 독서습관을 만들 때는 내가 좋아하고 관심 갖는 분야의 책을 읽어야 재미가 쏠쏠하니까. 그리고 세상 돌아가는 상황도 책으로 배워두면 좋다. 지금처럼 사상초유의 사태가 생겼을 때는 관련 서적을 최소 한 권은 읽어주면 좋다. 내가 처한 상황에 특별한 영향이 없을 것 같지만 읽어두면 언젠가 필요한 상황에 도움이 될 것이다.

독서 돌아보기와 계획을 세우다가 아직은 혼자 책 읽기가 어렵겠다 싶다면 독서모임에 가입할 것을 추천한다. 아무래도 함께 읽으면 시너지가 나고 동기부여도 된다. 가까운 도서관이나 시립 또는 구립 평생학습관 홈페이지에 들어가면 독서모임을 찾을 수 있다.

온택트 시대라서 온라인 독서모임도 많다. 모든 습관이 그렇지만 독서 습관 역시 하루아침에 만들어지지 않는다. 매일 두세 쪽이라도 꾸준히 읽다 보면 자연스레 책 읽는 습관이 만들어진다. 올 한 해 이 책, 지금 독서가 필요한 이유를 통해 독서습관 만들기부터 독서계획 세우는 방법까지 나의 독서노하우를 적어보았다. 아무쪼록 2022년 하반기에는 코로나19가 종식되길 바라며, 이 책을 읽는 여러분의 가정에 행복이 가득하시길 기원한다.

사내 독서모임

이스트밸리티앤에스 독서 모임

독서는 커뮤니케이션이다

커뮤니케이션은 필수불가결한 인간의 활동이다. 커뮤니케이션은 우리 말로 '의사소통'으로 풀이된다. 인간은 다른 동물에 비해 월등한 커뮤니케이션 능력을 지니고 태어났고, 누구나 커뮤니케이션을 더 많이, 더 잘하고자 하는 욕구를 지닌다. 그러나 커뮤니케이션은 결코 단순하지 않다. 커뮤니케이션의 본질을 알기 위해서는 커뮤니케이션이 '과정'이라는 것을 이해해야 한다.

의사소통은 서로의 생각과 감정을 말, 행동, 글 등을 통해 주고받는 것이다. 의사소통이 원활하다는 것은 자신이 전달하고자 하는 의미가 상대방에게 잘 이해되고 받아들여지며, 또 상대방이 전달하고자 하는 의미가 자신에게 잘 이해되고 받아들여지는 상태를 말한다. 사람들은 의사소통을 통해 서로 사랑을 확인할 수 있고 애정과 결속력을 높일 수 있다. 서로에 대한 이해를 바탕으로 차이를 인정하고, 갈등을 해결할 수 있기도 한다.

예전에는 의사소통 수단으로 파발이나 봉수를 사용했다. 파발은 말을 타고 소식을 전했던 방법이고, 봉수는 높은 산에 봉수대를 설치하여 낮에는 연기, 밤에는 불로 나라의 중요한 일이나 위급한 일을 알리는 방법이다. 위급한 상황에 따라 연기나 불의 수가 달랐다. 평상시에는 한 개였고, 적이 출현하면 두 개, 적이 국경에 접근하면 세 개, 적이 국경을 돌파하면 네 개, 적과 접전이 이루어지면 다섯 개를 피웠다.

이후에는 전화를 사용하게 되었는데 초기의 전화는 교환원이 전화를 연결해주었다고 한다. 떨어져 있는 사람과 직접 이야기를 나눌 수 있다는 점에서 파발이나 봉수보다 편리하였다. 지금은 휴대전화, 화상전화, 전자우편, 인터넷, SNS 등을 이용하여 언제 어디서나 소식을 빠르게 전할 수 있게 되었다.

책도 의사소통하는 하나의 수단과 방법이다. 가까운 서점에 가보면 수많은 자기계발서와 여러 분야의 책들이 진열되어 판매되고 있다. 그 책들은 하나같이 저자의 메시지가 담겨 있다. 도전하는 계기와 방법, 그리고 결과로 그 책의 저자만의 노하우가 담겨 있다. 나는 책을 읽으면 그 책의 저자와 소통하며 읽는다. 저자와 실제로 만나거나 전화 통화를 하며 직접 이야기하는 것은 아니지만 책 속에 담겨 있는 메시지로 의사소통을 하는 것이다.

『1년에 10권도 읽지 않던 김대리는 어떻게 1개월 만에 작가가 되었을까』(김도사, 권마담) 책에는 지금 직장인이 책을 쓰는 이유부터 책을 쓰면 인생에서 바뀌는 것들, 한 달 만에 작가가 된 비법, 지금 당장 책을 써야 하는 이유까지 아주 상세하게 책 한 권에 모든 것이 표현되어 있다. 이 책을 읽으면 김도사와 권마담이 나와 마주한 것처럼 내가 궁금했던 것들을 소개해준다. 나는 책을 읽으면 중요한 내용은 밑줄을 그으며, 내 생각들을 메모하며 읽는다. 이것이 바로 저자와의 의사소통이다.

도전정신이 있는 사람들이 이 책을 읽으면 하나같이 자극을 받아 책을 쓰고 싶은 마음이 꿈틀댄다. 나도 정말 책 쓰기를 할 수 있을까라는 고민이 시작되고 책을 써서 독자의 위치에서 저자의 위치로 바꾸고 싶은 자극을 받게 된다. 내가 이 책을 소개한다고 광고수입료가 발생하는 것은 아니지만 내가 이 책을 읽고 자극을 받고 책 쓰기에 도전하고 있는 지금 이 순간의 내 입장을 이 책을 읽는 당신에게 알리고 싶은 것이다.

나는 자기계발서 읽기를 좋아하고 추천한다. 앞장에서도 언급했지만 읽기만 하고 끝내는 것이 아니라 내가 지금 할 수 있는 것부터 도전해볼 수 있게 자극을 주기 때문에 나의 변화를 이룰 수 있어서 자기계발서가 좋다. 이 책에서는 대학교 학사, 대학원 석사, 박사의 학위는 스펙이 아니라 스팸이라고 말한다. 요즘 시대 정말이지 대학교 학사 학위는 누구나 기본으로 거의 모두가 가지고 있다. 그리고 취업의 문턱은 너무나도 좁다. 심지어 대기업에서는 신입모집을 거의 하지 않는다. 기업체에서도 학위를 취득한 스펙자를 원하는 것이 아니라 개인의 능력이 특별하거나 출중한 스펙자를 원하는 기업이 늘어나고 있다.

요즘 이직이나 승진의 가산점을 위한 재직자들이나 취업을 희망하는 실업자가 고용복지플러스센터에 방문하면 내일배움카드를 발급해주고 국가에서 일정액을 지원해주기 때문에 관련 직업전문학교에 등록하고 소액의 자기부담금을 지불하면 이론과 실기 과정을 배울 수 있다. 그리고 국가기술자격증까지 취득할 수 있다. 이렇게 국가에서 지원금이 나오니 많은 사람들이 실제로 교육을 받고 있다. 자격증도 무수히 많이 가지고 있다. 나도 그런 사람 중의 하나다.

지금 현재 내가 재직 중인 회사는 천장크레인 운전기능사 자격증을 필수로 가지고 있어야 입사 및 재직할 수 있는 회사다. 최근에는 이름 있는 대기업으로 포스코, 현대제철에는 자동화 크레인 설비를 많이 갖추었고, 천장크레인 자격증을 가진 파트별로 근로자 한두 명이 현장사무실에 앉아 모니터링하면서 6~8대의 크레인을 관리한다고 한다. 시스템 오류가 나서 멈추거나 고장이 나면 전기과나 기계과에 전화나 무전을 통해 수리 요청을 하고 수리가 완료되면 다시 재가동하여 모니터링만 하면 되는 구조로 바뀌어가고 있다. 아직 자동화를 도입하지 못하는 곳은 사람의 섬세함이 필요한 구간이 있어서이다.

내가 근무하는 동국제강의 천장크레인은 바쁘고 섬세함을 필요로 하는 구간 중의 하나로 이 자리 입사를 요구하는 사람들의 이력서가 많이 쌓여 있다고 한다. 솔직히 천장크레인 운전은 다른 파트의 노동보다는 힘이 들지 않는 고급 일자리이기 때문이다. 하지만 급여 차이는 다른 파트와 크게 차이 나지 않는다. 며칠 전 내가 근무하는 동국제강 포항공장 고철장에 있는 천장크레인을 수리하기 위하여 전기과, 기계과 직원들이 일부는 천장크레인 상부에 다른 일부는 작업장 하부에 입회하였다.

크레인 상부에 올라온 직원은 무전기를 소지하지 않은 것으로 알려졌고 하부에 있던 직원이 무전기로 크레인 상부의 직원들 상태를 확인하지 않은 채 크레인 운전실에 있는 기사에게 무전을 하여 주권을 권상, 권하하라는 지시를 내렸고, 크레인 기사는 지시대로 권상, 권하를 했다. 크레인 상부에 있던 직원 중 한 명은 안전대 고리를 걸지 말아야 할 곳에 걸어 목숨을 잃는 안전사고가 났었다. 회전체에 안전대 고리를 걸어 안전을 지켜줄 안전줄이 목에 감겨 목숨을 잃게 된 것이다.

이것 또한 무전기를 소지하지 않았던 점과 직원 개인의 안전을 위해서는 어떠한 경우에도 회전체에는 절대 걸지 말아야 하는 점, 그리고 안전관리자를 자리에 입회시키지 않았던 점, 전부가 의사소통이 제대로 이루어지지 않았기에 사고가 난 것이라 할 수 있다.

나는 지금 취업을 희망하는 취준생이나 이직을 희망하는 사람들에게 말하고 싶다. 대기업과 고급 일자리만을 찾으려 하지 말고, 대학교 학위 같은 고학력 스펙의 직업보다는 책을 읽고 저자와 의사소통하여 더 나은 직업으로 작가 같은 가슴 뛰는 스펙의 직업을 찾아보라고 권하고 싶다.

균형 잡힌 의사소통은 말만 잘하면 되는 것이 아니다. 네 기둥이 균형 있게 발달해야 해야 한다. 말만 잘한다고 의사소통 능력이 뛰어나다고 할 수 있을까? 물론 그렇지 않다. 의사소통의 네 기둥인 말하기, 듣기, 읽기, 쓰기 기둥이 지붕을 받치고 있다고 생각해보라. 어느 한 기둥이라도 길거나 짧다면 지붕이 기울어지게 될 것이다. 의사소통도 마찬가지다. 의사소통의 네 기둥이 되는 말하기, 듣기, 읽기, 쓰기가 균형 있게 발달해야 의사소통 능력이 있다고 말할 수 있다. 특히 외국어로의 의사소통은 이 4가지 기둥만으로는 부족하다.

의사소통이란 오고 가는 뜻과 생각이라고 한다. 한 권의 책을 통해 수많은 저자와 의사소통을 하며 적은 시간을 투자하여 나의 큰 변화가 이루어지는 것을 꿈꾸어라.

매일 같은 시간에 읽자

독서가 좋다는 것은 누구나 다 잘 알지만 좀처럼 책 읽을 시간을 만들기가 쉽지 않다. 본업이나 일상의 과제, 가족과 시간 보내기만으로도 벅찬 하루, 어떻게 하면 독서 시간을 확보할 수 있을까?

나도 책 읽을 시간 만들기가 여간 쉽지 않았다. 12시간 맞교대 근무형태로 퇴근하고 집에 오면 씻고 눕기 바쁜데 책을 읽는다니 언감생심이었다. 휴일에는 틈이 난다고 해도 책에는 손이 뻗어지지 않았다. 쉽게 읽힐 것 같지도 않고 시간이 오래 걸릴 것 같다는 생각 때문이었다. 매일 작은 노력과 의식 덕분에 지금은 독서가 습관이 되었고, 책을 읽는 재미를 알아 독서에 빠지게 되었다.

　최우선 과제는 바쁜 일상 속에서 책 읽을 틈새 시간을 확보하는 것이고, 그다음으로 중요한 것은 책을 내 삶 가까이에 끌어들이는 것이다. 독서모임을 가졌던 회사가 폐업하고 나온 뒤로 책 한 권 읽기조차 버거웠던 나인데 지금 다시 조금씩 읽기 시작했다. 갑자기 큰 변화가 생기지는 않았지만 작은 노력이 쌓여 점점 큰 성과로 나타나리라 믿는다. 한 가지 분명한 것은 2022년 4월 2일 새벽 2시 30분에 모두 다 잠들어 있는 지금 이 시간, 나는 잠을 자지 않고 책을 쓰고 있다는 사실이다.

　다시, 독서모임을 가질 수 있었던 회사의 이야기로 돌아가보려 한다. 대부분의 직원이 독서모임을 직장에서 처음으로 가져보았던 것이라 독서가 힘들고 독서모임이 어색했다. 그래서 독서모임에서 받은 한 권의 책을 하루아침에 몽땅 다 읽으려 하면 익숙하지 않은 사람들은 힘들고 나중에는 읽기가 싫어지는 경우도 있으니, 실제로도 몇몇 그런 직원들이 있었다. 그러니 목차를 보고 읽어보고 싶은 소제목을 먼저 하나씩 읽어나간다는 생각으로 하루에 20분씩 읽어보라고 권유해주었다. 틈틈이 읽는 것으로도 괜찮다고 하였다. 끊어서 읽는 것이 독서의 몰입을 방해하거나 기억에 영향을 끼칠까 봐 염려스러운 사람도 있을 텐데 결코 그렇지 않다. 앞 페이지를 다시 한번 읽으면 흐름이 끊길 일은 거의 없다.

　틈새시간이라면 아무리 바쁜 사람이라도 설마 하루에 10~20분쯤은 만들어내지 못할까? 출퇴근을 비롯한 이동시간, 점심시간에 약간 남는 틈, 잠들기 전, 아침에 평소보다 20~30분 더 일찍 일어나서 시간 확보하기 등 생각보다 시간은 많다. 이런 시간에 책 한 권을 잡아 읽기 시작한다면 한 달에 적어도 한두 권은 읽을 수 있다. 그리고 고정된 시간을 정해서 매일 같은 시간에 집중해서 독서를 하라는 것이다. 독서습관은 한 번 형성되면 평생 제대로 우려먹을 수 있다. 하루 20분씩 투자해 삶을 궁극적으로 바꿀 독서습관을 확실히 가질 수 있다면 인생에서 가장 멋진 투자가 되지 않겠는가?

독서란 작은 조각들을 모아 큰 덩어리를 만드는 것이다. 독서는 공부가 아니다. 음악은 결코 딱딱하지 않다. 기본적으로 즐기는 것이며 마음을 가라앉히기 위한 것이며 환경을 더욱 돋우기 위한 것으로 우리의 일상 가까이에 늘 존재하고 있다. 온라인에서 알게 된 직장 다니는 투자자들의 모습은 대체로 비슷하다. 점심시간마저 허투루 보내는 법이 없다. 나도 직장 내에서 독서모임을 시작하던 때부터 점심시간에 혼자 시간을 많이 갖고 있다. 가장 많이 하는 것은 독서였다. 시간이 한정되어 있는 직장인. 나는 출퇴근을 자차로 하기 때문에 책 읽을 시간을 확보하기가 쉽지 않아서 점심시간이 정말 소중했다.

이처럼 하루를 살펴보면, 절대적인 시간은 있지만 그래도 책 읽을 시간은 없다. 우선순위에서 밀리기 때문이다. 꼭 해야 하는 일을 처리하고 남는 시간에는 아무래도 내 선호에 따라 할 일이 정해지기 마련인데 독서광이 아니고서야 책을 먼저 잡기는 힘들다. 하루 중에 여유시간에 하는 일은 무엇이 있을까? 운동이나 취미생활로 채워지는 시간은 유용하지만 그렇지 못한 시간들도 의외로 많다.

특히 예전의 나는 시간만 잡아먹는 쓸데없는 일에 집중했다. 소중한 내 시간을 무의미한 일로 없애버리는 시간도둑들 유튜브와 코믹몰카에 빠져들기, 인스타그램으로 남의 인생에 과하게 몰입하기, 게임에 빠지거나 연예뉴스 기사에 몰입하기 등 자극적이고 뇌가 흥분하는 이런 일들은 한 번 시작하면 끝내기가 힘들다. 게다가 이런 시간을 모아보면 꽤나 많은 시간을 허비했음을 알게 되고 후회가 든다. 이렇게 자괴감에 빠지거나 자신감만 하락하는 악순환이 시작되니 끊는 것이 최선책이다.

그래서 시간을 뺏기지 않게 위험한 것은 치워버려야 한다. 스마트폰에서 유튜브 어플은 잘 안 보이게 새 폴더를 만들어 넣고 게임은 지워버린다. 나한테 해로운 것은 최대한 안 보이게 치워두고, 습관으로 만들고 싶은 것은 눈에 자주 띄게 한다. 나는 이러한 방법으로 잃어버린 시간들을 많이 되찾았다.

아무리 유용하고 좋은 일이라도 재미를 느끼지 못하면 반복해서 실천할 수가 없다. 독서란 정신을 글에 집중하고 의미를 파악하는 행위라서 이롭다는 이유만으로 지속하기 힘든 것이 사실이다. 앞에서 말했듯이 절대적인 시간이 없다고 하기보다는 책이 다른 일보다 덜 재미있기 때문에 우선순위에서 밀려 시간이 없을 때가 많은 것이다. 그러니 책에서 재미를 느껴야 하는 것이다. 나 같은 경우에는 한동안 책을 안 읽다가 갑작스레 읽으려니 눈에 들어오지 않고 의미를 파악하기 힘들었다. 그럼에도 책을 꾸준히 읽게 된 것은 재미있었기 때문이다.

책 읽기를 힘들어하던 때라 위로 받고 싶은 마음으로 김민태 EBS프로듀서의 『운명을 바꾸는 한번 하기의 힘. 나는 고작 한번 해봤을 뿐이다』를 읽었다. 책을 읽고 사소한 실천의 힘과 대수롭지 않은 노력의 힘, 작은 용기를 내는 힘, 그냥 시작하는 힘을 배울 수 있었고 재미있었다. 나만의 소중한 시간을 책에 투자해 빠져들었던 재미와 고요함을 잊지 못해 나는 다시 책을 찾았다.

오래간만에 책을 읽으면 앞서 말했던 것처럼 글이 영 눈에 들어오지 않는다. 글이 머릿속에서 의미가 되지 못하고 글자로만 인식된다고 할까. 그런데 처음에 얇고 읽기 쉬운 책 몇 권을 완독하면 점점 읽기가 쉬워진다. 그 후로는 진짜 독서가 즐거워진다. 독서로 채운 시간들은 즐거웠을 뿐 아니라 정말 유익한 시간이었다고 감히 말할 수 있다. 꼭 효과를 보려고만 책을 읽는 것은 아니지만 책을 읽기 전과 지금의 나는 많이 달라졌다.

정해진 시간에 매일 독서가 자리 잡으면 책 읽는 것이 그리 힘들지가 않다. 아침에 일어나서 세수하듯이, 밥을 먹으면 양치하듯 몸에 배어 당연한 일이 된다. 초반에만 의식적인 노력을 하면 습관이 되고, 독서는 더 이상 머릿속에서 '할까, 말까'를 고민하게 되는 내적갈등 상태를 만들지 않는다.

정말이지 아무것도 하지 않으면 아무 일도 일어나지 않는다. 그러니 자기 자신을 믿고 용기를 내어 매일 같은 시간에 책 한번 읽어보고 남들에게 보여주기식이 아니고, 장문의 내용이 아니더라도 독후감이나 완독한 당시의 감정 등을 기록하면서 독서습관을 가져보라. 무언가를 스스로 해낸 기억은 오래간다. 특히 처음으로 해낸 것, 크게 해낸 것은 평생을 가도 잊히지 않는다. 이 맛은 세상 어느 음식보다 달콤하다. 이 감정은 해보지 않은 사람이라면 절대 느껴볼 수 없는 특별한 감정일 것이다. 내면의 성장을 이끄는 소중한 습관인 독서. 관심 있는 책 한두 권 골라 매일 같은 시간에 읽어보자. 2022년 하반기 목표로 책 읽기를 세운 분들이라면 꼭 결심 그대로 이루기를 바란다.

05

혼자가 되는 시간의 즐거움을 알자

지금은 '독신시대'다. 우리나라의 1인 가구 비중은 25%를 돌파했다. 나보다는 가족, 개인의 취향보다는 공동체 이익을 추구하는 사고방식은 점점 옅어지고 있다. 자신의 즐거움을 위해 기꺼이 투자하고, 나의 가치를 발전시키는 데 공을 들이는 사람들이 많아지고 있다. 내가 온전히 즐거워하는 삶, 소소한 행복을 품고 사는 삶을 위해 우리는 어떠한 노력을 해야 할까? 우리는 모두 혼자 이 세상에 온다. 그리고 성장하는 과정에서 웃고 떠들고 넘어지고 부딪치며 사랑을 하고 때론 이별도 한다. 또한 이루고 싶은 꿈을 위해 열정을 불태워보지만 실패하는 좌절을 겪기도 한다. 그럼에도 우리는 잃어버리는 연습, 포용하는 연습, 용감해지는 연습, 도전하는 연습을 멈춘 적이 없다.

우리 모두는 삶의 여행객이다. 만약 자신이 사랑에 실패하고, 일에서도 성공을 거두지 못했으며, 결혼조차 못 한 상황에서 돈조차 모으지 못한 채, 지칠 대로 지쳐 열차 안에서 잠든 여행객인 것 같다면, 지금이라도 당장 잠에서 깨야 한다. 그러지 않으면 열차는 자신이 원치 않는 곳에 데려다 놓을 수도 있다. 빨리 정신을 차리고 열차 시간표와 출발지, 도착지를 분명히 확인하고 빨리 다른 열차로 옮겨 탈 것인지, 이 열차를 타고 어딘가로 갈 것인지 계획하고 선택해야 한다. 이제 하품은 그만하고 일어나, 기차를 타고 가던 어린 시절의 모습으로 돌아가 가슴 뛰는 삶을 시작하자. 어떻게 살아야 할지를 분명히 알고 가는 사람에게 이미 혼자이든, 언젠가 혼자가 되든 '혼자 살아가는 미래'는 더 이상 불안과 두려움의 대상이 아니다.

"아무리 1인 가구가 늘고 있다지만 '싱글족'에 대한 사회적 시선은 불편하다. 명절만 되면 전국의 노처녀, 노총각은 가족 눈치 때문에 몸살을 앓는다. 남자든 여자든 결혼해서 가족을 이루고 함께 사는 것만이 '정상'이라는 사고방식이 깔려 있어서다. 이 책은 혼자 사는 사람에 대한 오해를 풀고 혼자 사는 삶이 갖는 즐거움과 고통 등 다양한 의미에 대해 고찰한다. '어떻게 함께 살 것인가'라는 문제도 함께 제기한다."

– 노명우, 『혼자 산다는 것에 대하여』 중에서

"혼자 사는 사람은 외롭고 불안할까. 저명한 사회학자이자 저술가인 에릭 클라이넨버그는 1인 가구가 정신적으로 행복하며 풍요로운 삶을 누린다고 주장한다. 클라이넨버그는 연령과 계층이 다양한 남녀와 300회가 넘는 심층 인터뷰를 거쳐 혼자 사는 사람들이 사교생활을 활발히 하고 시민사회에 적극적으로 참여하고 있음을 발견한다.

실제로 혼자 사는 사람들은 기혼자들에 비해 외식과 운동을 더 자주 하고, 미술 또는 음악 강좌를 자주 듣고, 공개 행사와 강연과 봉사활동에 자주 참여한다. 책은 혼자 사는 사람들의 생생한 초상화를 그려내며 전통적 상식과 고정관념에 반박하면서 혼자 살기가 현대 도시인들의 경험을 어떻게 긍정적으로 변화시키는지를 보여준다."

– 에릭 클라이넨버그, 『고잉 솔로 싱글턴이 온다』 중에서

이 2가지 책에서는 혼자 사는 사람들의 특징과 장점을 긍정적으로 표현하고 있다. 우리의 행복은 우리와 함께 일상을 보내는 사람들과의 관계에 영향을 받는다. 복잡한 관계 속에서 다양한 역할을 수행히며 살아갈수록 당신은 '혼자만의 즐거움'을 찾아야 한다. 그래야만 당신 인생에 당신을 주인공으로 초대할 수 있다. 인위적인 규칙과 질서에서 자유롭게

자신의 영혼을 풀어놓을 수 있는 시간과 공간을 확보할 수 있을 때 당신은 인생이 완전히 바뀌는 유쾌한 기적을 경험하게 될 것이다. 자기 내면의 목소리를 경청하는 사람은 관계들로부터 방해받지 않는다. 관계들로부터 응원을 받는다.

모든 인생은 혼자 떠나는 여행이다. 혼자 떠날 수 있어야만 외로움과 쓸쓸함을 당당하게 견뎌나갈 수 있다. 누구의 아내, 누구의 남편, 누구의 부모로서 살아가는 삶은 잠시 접어둔 채 이 책을 읽는 동안만이라도 오롯이 당신 자신과 마음을 터놓고 마주해보라. 당신이 당신 자신과 만나는 시간이 많아질수록 인생은 그만큼 달라질 것이다.

혼자 산다는 것은 싱글이나 독신으로 산다는 의미가 아니다. 더불어 살아가는 삶 속에서 고유한 자신만의 즐거움과 아름다움을 추구한다는 뜻이다. 당신 인생 안에 당신만의 시간을 가장 많이 쌓는다는 뜻이다. 이를 통해 함께 하는 삶의 풍요로움을 만들어나가는 것이다.

현대에 들어서면서 혼자 생활하거나 혼자 다니는 사람들이 많아졌다. 하지만 여전히 혼자이기를 꺼리는 사람도 많다. SNS로 수많은 사람과 소통하고 실시간으로 연락을 주고받을 수 있지만 현대인은 여전히 외롭다. 누구나 외로움을 타겠지만, 나는 유독 남들과 달리 외로움을 많이 잘 탄다. 무언가 하고 싶은 것이 있거나 가고 싶은 곳이 있을 때, 먹고 싶은 것이 생겨도 마냥 혼자 하는 것이 싫다. 친구나 가족, 애인이 있다면 그들 중에 당장 함께 있는 사람과 어울리는 일상으로 함께 나누고 싶다. 그런데 다들 일이 있거나 선약이 있어 함께 하지 못하는 시간이면 나 혼자 해야 한다. 나는 그런 것들이 너무나 싫었다. 그럴 때에 나는 집에 혼자 틀어박혀 TV를 보거나 잠을 잤다. 그렇게 나는 무의미하게 대부분 시간을 보냈다. 무의미하게 보낸 시간들은 좋은 성과가 없었다. 그럴 때마다 나는 후회만 남았다. 그렇게 후회만 남는 것이 싫어서 책을 펼쳤다.

도대체 그 혼자만의 시간이 무엇이기에 어느새 나의 하루 중 가장 중요한 시간이 되었을까. 하루 종일 시달리고 쌓인 스트레스와 정신적 피로를 조용히 갈무리하는 시간이다. 당신은 혼자만의 시간에 주로 무엇을 하는가? 요즘 코로나 시대라서 어디 가기도 그렇고, 사람들 만나기도 어려워서 혼자만의 시간에 어떤 것을 해야 알차게 될까 고민이 된다. 독서를 하면 나 자신을 더 알아갈 수 있는 시간이 되고, 나 혼자만의 즐거움을 찾게 된다. 나에게 책은 친구요. 스승이다. 나는 혼자만의 시간에 책을 찾아 벗으로 삼고, 책이 들려주는 이야기로 작가들이 보내는 메시지와 사회적 분위기를 알 수 있었고, 나를 좀 더 가까이 알아가는 시간을 가지게 되어 이렇게 책을 쓰고 있는 작가가 될 수 있었다.

지금 꿈꾸는 일이 있는데 무엇부터 시작해야 할지 막막하다면 일단 서점에 가보자. 자신의 꿈과 관련된 책 한 권을 구입해서 천천히 읽어볼 것을 권한다. 딱 한 권만 읽어봐도 읽기 전과 후의 생각에 많은 변화가 있을 것이다. 미처 생각하지 못했던 부분을 깨닫고 내가 좀 더 배워야 할

부분은 무엇인지 알게 된다. 혼자 보내는 시간은 더 나은 관계를 위한 디딤돌이다. 책으로 꿈의 문을 여는 것이다. 나는 이것이 인생이라는 무대에서 관객이 아닌 주인공이 되는 방법 중 하나라고 생각한다. 주인공이 되어 무대를 빛내는 삶을 사는 데는 여러 가지 방법이 있다. 멋진 모임을 만들어 함께 꿈을 이루는 방법, 당장 실천할 수밖에 없는 환경을 만드는 방법 그리고 책을 통해 꿈을 수집하는 방법도 있다. 혼자이고 싶은데 외로운 건 싫고 조용한 건 좋은데 적막은 싫은 정답 없는 고민 속에 빠져 있는 어느 날, 독서를 하면 혼자가 되는 시간의 즐거움을 알게 될 것이다.

06

수다 떨듯이 독서를 한다

동네 커피숍에 삼삼오오 모인 사람들이 무슨 이야기를 하는 것일까? 서로 웃고 떠들며 속닥거린다. 물론 대화의 주된 내용은 보통 영양가 없는 잡담이다. 혼자 있을 때도, 사실 혼자 있는 것이 아니다. 여러 개의 단톡방을 가득 메운 재미있는, 하지만 알고 보면 '그저 그런' 이야기들. 그러나 도무지 눈을 뗄 수 없다. 인스타와 트위터, 페이스북은 이러한 잡담 본능을 이용해 성장한 회사다. 도대체 인간은 왜 이렇게 '수다'를 떨며 사는 것일까?

맛있는 디저트 그리고 수다 타임. 나는 친구 사이, 연인 사이, 가족들과의 대화가 참 중요하다고 생각한다. 아무리 가까운 사람도 말을 하지 않으면 모르기 때문에 자주 대화를 하며 상대방이 좋아하는 것, 싫어하는 것을 알아가야 한다고 생각한다. 그래서 대화하는 것을 좋아하는데 그렇다 보니 사람의 말투, 혹은 단어 사용하는 것에 딱 그 사람이 파악되는 경우가 있었다. 그래서 나도 항상 말을 조심하려고 한다. 그리고 확실히 좋은 사람은 말하는 것에서도 진심이 느껴진다. 대화 코드도 잘 맞는 것이 중요한데 내 주변에는 거의 대화가 잘 통하는 사람이 많은 것 같다. 수다 떨다 보면 두세 시간이 훌쩍 지나가버린다.

우린 결코 쓸데없는 이야기를 마구 떠들어대지 않는다. 무심코 하는 말 중에 한 번씩 목구멍에 걸려드는 게 있다. 불쾌하다거나 화가 날 정도로 걸려드는 것은 아니지만 포도를 먹다가 씨앗을 넘기는 느낌이라든가, 바삭하게 구운 만두를 먹다가 탄 부분의 씁쓸함이 느껴질 때처럼 불현듯 다가오는 걸려듦이 있다. 그 걸려듦엔 '수다'라는 이름이 있다. 나쁜 뜻을 가진 단어가 아니다. 아주 일상적인 행위 중 하나일 뿐이다. 그런데 왜 이렇게 '수다'가 '켁'하고 걸려드는 걸까? 아마 수다를 '떨기' 때문일 것이다. 보통 수다는 떤다고 표현한다.

'오래간만에 수다를 떨었다' 거나 '오늘 수다타임'이라든가, '수다 좀 떨자'라든가 수다에는 떨었다는 말이 착 달라붙는다. 책상 밑에서 다리를 달달 떠는 것도 별로 안 좋아했던 나는 좋은 사람들과 이야기를 주고받는 과정을 굳이 수다라는 이름으로 떨어버리는 게 영 내키지 않는다. 사전에 수다를 검색해보면 '쓸데없이 말수가 많음'이라고 설명한다. 많은 사람들이 수다를 떤다고 표현하는 그 순간에는 신변잡기적인 이야기들이 많고 반드시 실용적인 대화만 주고받는 게 아닐 것이다.

그럼에도 그 이야기들이 아주 쓸 데가 없이 말수가 많은 건가 하고 생각해보면 결코 그렇지만은 않다. 서로의 소소한 이야기들을 털어놓으며 공감하고, 몰랐던 살림 정보를 알아내 생활에 적용하기도 하고, 다른 가정은 이런 면이 있구나 하며 우리 가정의 어떤 면에 골몰해지기도 하는 이야기들이다. 그게 어찌 쓸 데가 없다고 할 수 있을까?

수다를 떠는 등 대인관계를 친밀하게 유지하면 뇌가 활성화되어 기억력이 좋아진다는 연구결과가 나왔다. 미국 미시간대 심리학과 오스카 이바라 박사팀이 대인관계와 기억력·지적능력과의 상관관계를 조사해 이같은 결과를 얻었다고 최근 밝혔다. 이번 연구결과는 성격과 사회 심리학지(the journal Personality and Social Psychology Bulletin) 내년 2월호에 실릴 예정이다. 이바라 박사팀은 24~96세의 3,600여 명을 대상으로 다른 사람들과 수다를 떠는 것이 기억력과 지적능력에 얼마나 영향을 주는지 조사했다.

그 결과 친구 또는 이웃과 하루 10분 정도 만남을 갖거나 전화 통화를 하는 등 친밀한 대인관계를 유지한 사람들이 그렇지 않은 사람보다 기억력과 지적 능력이 높은 것으로 나타났다. 연구팀은 대학생을 대상으로 진행한 이전 연구에서도 원활한 대인관계가 지적능력에 긍정적인 영향을 주는 것을 확인했었다. 연구팀은 18~21세 대학생 76명을 10분 동안 사회 이슈에 대해 자연스럽게 대화하게 한 그룹, 퍼즐 등 3종류의 지적 운동을 하게 한 그룹, 10분 동안 TV를 보게 한 그룹 등 세 그룹으로 나눈 후 기억력, 인지능력 등을 측정했다. 그 결과 10분간 대화를 한 그룹과 퍼즐 등 지적능력을 훈련한 그룹 간 기억력 점수에는 차이가 없는 것으로 관찰됐다. 이바라 박사는 "친밀한 대인관계를 유지하는 사람들은 따로 노력을 하지 않아도 기억력과 인지 능력이 좋다는 것을 보여준 결과"라고 설명했다.

수다를 좋아하는 사람들이 많다. 주변 사람들에 대한, 혹은 정치인이나 연예인에 대한 불확실한 정보를 떠들며 행복감을 느낀다는 보고도 있다. 그러나 수다와 잡담을 싫어하는 사람도 많다. 아무데나 이야기를 옮기는 사람은 경박하고 신뢰할 수 없다고 평가된다. 물론 복잡한 현대 사회에서 광범위한 의사소통 능력과 공감 능력은 아주 중요하다. 많은 사람들과 전략적 대화를 나누고, 여러 상대와 협력하며, 갈등을 조정하는 힘은 강력한 적응적 기능이다. 그러나 이러한 능력은 수다의 양과 빈도, 말동무의 숫자를 늘리는 식으로 달성되지 않는다.

독서를 할 때 '하얀 것은 종이요, 검은 것은 글자로다.' 하고 아무 생각

없이 읽으면 아무리 좋은 내용의 책이라 하더라도 감동이 없고 동기부여를 절대 받을 수 없을 것이다. 즐거움 또한 없다. 즐거움이 없는 독서가 된다면 머릿속에는 남는 것이 없다. 독서의 효과를 높여야 즐거움이 있고, 즐거움이 있어야 또 다른 책을 계속해서 독서하고 싶어진다. 독서의 효과를 높이기 위해서 저자와 수다를 떨듯이 읽어보라. 책 읽기를 친구와 수다 떨듯이, 저자와 수다 떨듯이 읽는 것이다.

그리하면 카페에 앉아 친구나 지인들과 수다 떨듯 독서하는 시간이 즐거워질 것이고, 시간도 2~3시간이 훌쩍 지날 것이다. 그 시간이 지나가더라도 무의미하게 지나간 시간이 아닐 것이다. 수다 떨듯이 읽은 독서는 독서량도 많을 뿐 아니라 머릿속에도 많은 지식으로 남을 것이다. 머릿속에 남은 많은 지식은 당신이 동기부여를 받아 도전하는 목표에 큰 도움을 주는 요인이 될 것이다.

또한 수다 떨듯이 즐거운 독서를 하면 두뇌활동에도 좋은 영향을 준다. 사람이 책을 읽으면 뇌의 여러 기능이 사용된다는데, 이 과정은 다른 활동과는 견줄 수 없는 정신운동으로 뇌 건강에 굉장히 유익하다. 기억력을 향상시킨다. 뇌가 운동을 많이 하기 때문에 뇌가 더 높은 수준으로 기능하게 된다. 집중력을 향상시킨다. 책 읽는 행위는 한 가지 일에 집중하는 훈련과 같은 효과를 가진다. SNS나 유튜브를 볼 때는 기대하기 어려운 효과라 한다.

어휘력을 향상시킨다. 이것은 너무나 당연한 이야기인데, 다양한 어휘가 적절한 용례에 따라 사용되는 것을 끊임없이 확인할 수 있기 때문이다. 상상력을 향상시킨다. 다양한 사람의 입장을 간접적으로 체험해볼 수 있고 이 체험을 문제해결에 활용할 수 있다. 이해력을 향상시킨다. 이전에 전혀 알지 못했던 삶, 상상하지 못했던 경험, 자신과 전혀 다른 사고방식을 접하게 되면서 세상이 작동하는 방식에 대한 이해를 쌓을 수 있게 한다.

다시 한번 요약해보면, 수다 떨듯이 독서를 하면 몰입과 집중의 힘을 기를 수 있고, 의미를 되새기는 과정에서 뇌가 더욱 활성화되며, 간접적이기는 하지만 좋은 체험의 계기가 된다. 마음의 여유를 만들어준다. 우리의 불안한 심리를 해방시켜주어서 마음을 개방적이고 안정적으로 만들어준다. 그리고 동시에 우리를 더욱 견고하게 만들어주는 역할을 하기도 한다는 것을 알려주는 수단이 되기도 한다.

나는 확실히 책에 집중을 하면 몸도 마음도 편안해지는 기분이다. 그리고 내가 모르는 세계를 알아가는 그 쾌감도 있다. 독서는 인간의 삶에서 가장 필수적인 요소다. 집중 독서로 세상을 이해하고 깨우칠 수 있는 사람이라면 최고의 삶을 누릴 수 있다. 능력의 차이는 고작 다섯 배가 넘지 않지만, 의식의 차이는 100배의 격차를 낳는다. 고대에서는 독서가 보잘것없는 평범한 인간을 신화적인 영웅으로 성장시키는 비밀일 정도였다.

정적인 취미를 찾고 있는 친구가 있다면 독서를 추천한다. 독서를 수다 떨듯이 하면서 즐거움을 만들고 독서의 장점을 많은 사람들이 모두 만들어갔으면 한다.

07

인생에게 휘둘리는 삶을 살지 마라

나는 그동안 좀비처럼, 노예처럼 살았다는 생각을 떨쳐버릴 수가 없다.(사실이긴 하다.) 회사로부터 세뇌당하고, 감정을 휘둘리고, 사람에게 휘둘리고, 주체적으로 살지 못하고 타인을 위해 일하고 타인에게 휘둘리며 나를 포기하고 희생한 시간들이 꽤 많았다. 이제는 정말 '나'를 생각해야지. 회사에서 정말 열심히 일만 했는데 회사로부터 버려지는, 이용당하는 사람들을 보며 많은 감정들을 느낀다.

나는 주말(휴일) 고작 이틀을 위해 5일을 희생한다. 주말(휴일)에는 오롯이 내 시간이기 때문에 내가 하고 싶은 일을 하고, 보고 싶은 것을 보고, 나만을 위한 생각을 한다. 근데 7일 중 그게 고작 2일밖에 안 된다니. 너무 비효율적이다. 나머지 5일은 희생을 하며 남는 시간을 분 단위로 쪼개가며 없는 시간을 어떻게 얼마나 효율적으로 쓸 수 있을지에 대해 고민하는 나를 생각하니, 너무 불쌍하다는 생각이 든다. 언제까지 이렇게 살아야 하는 걸까? 이렇게 그냥 참고 사는 것이 답일까?

나는 겁쟁이였다. 그리고 소심했다. 내가 좋아하는 것을 하는 것보다 안전하게 부딪치지 않고 사는 것을 선호했으며, 좋게좋게 두루뭉술하게 사는 것을 최고의 가치라고 나도 모르게 여기고 있었다. 그에 따라 내 인생도 술에 술 탄, 물에 물 탄 맹탕이었다. 그나마 적당히 관리 잘하던 내 신성적으로 무난한 수준의 대학을 가고, 여러 번의 고비를 거쳐 안정성 높은 직장에 들어간다. 그리고 얼마 되지 않는 월급으로 매달 적당히 살아간다. 그러다 문득 느껴졌다. 내 마음 안쪽에서 적당히 도취된 '나'가 아닌 진짜 내가 분통을 토하고 있었음을. 진짜 나는 욕심도 많았고, 하고 싶은 것도 많았으며, 젊은 날 남부럽지 않게 떵떵거리고 살고 싶은 포부가 있었다.

그 모든 것을 두려움이라는 커튼으로 가리고 살아왔던 것이다. 2021년 말부터 꿈틀거리던 그 녀석은, 나를 지배하던 적당한 나를 지금까지 있는 힘껏 밀어내왔다. 급한 일이지만 내게 중요하지 않은 것이라면 대충 처리해보기도 하고, 즉각적인 쾌락이 아닌, 내게 미래 자산, 가치가 될 것들에 집중하였다. 지금 내가 가진 울타리가 아닌 더 넓은 세상으로 넘어가기 위하여 울타리 밖의 사람들과 하나둘 접점을 맺기 시작하였다.

하지만 지난날 나를 지배했던 두려움이라는 안개는 여전히 내 시야를 흐리게 하였다. 조금만 울타리를 벗어나려 들면 안개로 인한 보이지 않는 공포로 인하여 좀처럼 앞으로 나아가지 못했다. 그러다 책 한 권이 안개를 마법처럼 흩어버렸다. 점차 시야가 투명해지기 시작하였다. 바로 그 책이 브랜든 버처드의 『두려움이 인생을 결정하게 하지 마라』였다.

이 책을 통해 '나답게 살기 위한 마음의 힘과 자유, 나는 왜 갈등의 낌새만 보여도 종종걸음 치며 내빼는가, 인간이 가진 가장 위대한 힘은 스스로 독립적으로 생각하고, 목표를 설정하며, 누구와 무엇에 마음을 주고 어떤 행동을 취할지 결정하는 능력이다. 제약 없는 자유, 자기표현, 목표추구는 사람의 마음을 움직이는 중요한 동기들이다. 우리는 자기 인생의 관리자가 되어야 한다.'는 내용을 접했다.

무엇을 하는 것도 중요하지만, 무엇을 포기할지도 중요하다. 현명하고 똑똑하고 전략적으로 살아야 한다. 모든 것을 똑같이 열심히 아무 생각 없이 열심히 해서는 안 된다. 무엇이 나에게 맞는지, 내가 잘할 수 있을지, 계속해서 생각하고 계획을 수정하고 실행해야 한다.

적은 것으로 더 많은 것을 성취하는 것. '최소 노력의 법칙' 나는 사실 그동안 그 반대로 살아왔다. 무엇이든 열심히 하고 꾀부리지 않고 정직하게 맡은 바에 최선을 다하는 것이 정답이라고 생각했는데. '난 참 순진하고 바보 같았구나.'라는 생각이 든다. 똑똑하고 현명하게 살아야지. 나를 위한 삶을 살아야지. 나를 소중하게 여기며 살아야지. 남들이 나의 희생을 당연하게 여기지 않게 해야지. 많은 노력을 한다고 해서 그만큼의 성과가 반드시 돌아오는 건 아니라는 것이다.

나는 계획을 짜고 실행을 하고 점검을 하는 것을 좋아하는데, 회사 일에 얽매이고 스트레스에 얽매이면서 몇 달간 나에 대한 생각을 못 한 적이 있었다. 그래서 생각을 했다. 나의 미래 구상을 위한 나의 미팅시간을 일부러라도 내보자. 그렇게 억지로라도 시간을 내야 한다고. 나는〈한책협〉에서 의식성장대학 과정을 등록하고 강의를 듣기 시작했다. 그런데 강의 내용에 이렇게 딱 그 내용이 들어가 있으니 너무 신기했다. 내가 잘하고 있었구나 싶었다. 눈물이 핑~ 돌았다. 나에게 집중하는 자기계발을 해야 한다.

'아침 독서 다 좋지만 나에게 맞는 계발을 해야 한다. 잘하는 것이 다 다르다. 나다움을 찾아야 한다. 성공자들은 열망이 있다'는 강의 내용을 듣고 울컥해서 눈물이 흘렀다. 무엇을 하던 맨 밑바닥에서 시작했던 나. 더 많이, 더 열심히 했던 나였다.

'가난할수록 일에 더 많은 시간을 소비하는 이유는, 일을 더 많이 해야

더 큰 성과와 돈을 얻을 수 있다고 생각하기 때문이다.'

'시간은 금이다.'라는 말이 괜히 있는 게 아니다. 아니, 금보다 더 귀하다. 시간은 다시 되돌릴 수 있는 것이 아니기 때문이다. 시간을 '소비'할 생각을 하지 말고 '투자'할 생각을 하자. 내가 '투자'한 금보다 더 귀한 시간은 결국 나에게 몇 배 이상의 가치를 가져다줄 것이다. 돈이 나를 위해서 일하게 만들기 위해서도 시간을 '투자'해야 한다. 시간 낭비하는 짓을 최소화하자. 내가 하는 일 중에 시간을 '투자'하는 것들은 무엇이 있을까?

독서, 운동, 블로그, 인스타, 유튜브, 목표/계획 짜기, 배우러 다니기 등 아니, 막상 생각해보니까 별로 없다. 개인적인 취미생활은 무슨 시간일까. 투자시간도 아니고 낭비하는 시간도 아닌 그 중간의 어디쯤인 것 같은데. 이제 매일의 계획을 짤 때 내가 무언가를 위해 '투자'한 시간이 있었는가? 무엇을 했는가? 하루에 '투자'하는 시간을 얼마나 낼 수 있는가? 에 초점을 맞추어야겠다. 의식성장대학 강의 중간에 감정 관련된 이야기도 나오는데 이 또한 너무 공감했다. 감정은 가끔 나를 집어삼켜버려서 아무것도 하지 못하게 만들 때가 있다. 그럴 때는 정말 시간이 무의미하게 흘러가고, 그걸 알아차리지 못한다. 생각이 많은 나는 감정에 휘둘리는 경우가 많은데 나의 감정을 잘 컨트롤할 줄 아는 법을 꼭 알아야 하는 것 같다. 그렇지 않으면 너무 많은 시간을 낭비하게 되니까 말이다.

정말 〈한책협〉의 의식성장대학이라는 좋은 과정의 강의를 들을 수 있게 해주셔서 감사하다. 현재 하고 있는 업무 중에서 일부 또는 대부분을 놓지 않으면 당신은 성장할 수 없다. 당신을 비판하는 사람들이 당신에 대해 무슨 말을 하든지 신경 쓰지 마라. 당신에게 가장 높은 가치를 가진 분야에서 성장하고, 다른 모든 것은 놓아버려라. 지금 이 순간에 변화를 만들어내라. 과감한 변화를 통해 성장하겠다는 마음가짐을 가져라. 성장을 위한 전략에 더 많은 시간을 투자하라.

진짜 인생 살면서 이 강의를 듣고 와닿는 몇몇 구절에 충실한 생활을 하며 살아도 성공할 수 있을 것 같다. 강의에서 배운 내용을 내 인생에 적용하며 살 수 있도록 노력해보자. 정말 인생은 생각보다 짧다. '독서는 손에서 놓으면 안 된다.'라는 다짐을 다시 한번 하게 된다. 요즘 바빠서 책 읽는 횟수가 점점 줄어드는데, 하루에 10분이라도, 조금씩이라도 읽어야겠다. 독서는 내 생각의 범위를 넓혀주고, 내가 보지 못한 세상을 보여주며, 나의 고민을 해결해주며, 내 인생의 방향성을 잡아줄 수 있는 유일한 길잡이라고 생각한다.

내가 회사생활을 하면서 갈 곳을 잃은 양처럼 '지금 이렇게 사는 게 맞는 건가?'라는 생각으로 몇 년 동안 고민을 할 때 대부분은 사람, 어른은 "다 그냥 그렇게 살아."라고 했다. 하지만 그건 절대적으로 틀린 말이다.

내 인생은 오롯이 나 자신이 만들어나가는 것이고, 내가 길을 잃었을 때 해답을 줄 수 있는 가장 똑똑한 방법은 다양한 책을 읽으며 나에게 맞는 해결책을 모아가고, 이를 삶에 적용해가며 나를 성장시키는 것이라고 생각한다. 그 누구도 내 인생을 대신 살아주지 않기에, 지금은 누군가의 조언에 기대지 않으려 한다. 결론은 좋은 책을 많이 읽자. 그리하면 인생에게 휘둘리지 않는 삶을 살아갈 것이다. 인생에게 휘둘리는 삶을 살지 마라!!

독서는 잃어버린 마음을 찾는 일이다.

3장

책을 읽는
사람은
흔들리지 않는다

01

독서로 자신감을 높여라

내가 생각한 자신감은 직업, 능력이 좋으면 자연스럽게 따라온다는 생각을 하고 있었다. 그렇다면 직업, 능력이 뛰어나지는 않지만 자신감 있게 사는 사람들은 무엇일까? 그 사람의 기질과 천성이라고 생각했다. 직업, 능력, 기질, 천성 그 외에는 생각해보지 못했다. 다른 방법이 하나 있었다. 우리가 공부하듯이 자신감도 매일 일정 시간씩 쌓기 위한 투자를 해야 한다는 사실이다.

현대인은 불안하다. 사회가 복잡해질수록 개인의 불안감은 더욱더 높아져간다. 자신감이 없어지면 모든 일에 위축되고 소심해지기 마련이다.

자신감이 없는 사람들은 스트레스도 더 많이 받는다. 그래서 자신감은 매우 중요하다. 확고한 자신감을 지니고 있으면 인생에서 긍정적인 마인드와 행복을 유지하는 데 큰 힘이 된다. 자신감을 높이려면 시간과 인내가 필요하다. 자존감! 자신감! 자기애! 전부 다 앞에 스스로 자(自)가 붙고 뒤에 말들만 다르다. 즉 우리 자신에 대해서 이야기를 하려고 하는 것이다. 그럼 본격적으로 이야기를 시작해볼까?

1. 자존감 의미와 뜻

자존감이란 무엇일까? 스스로를 존중하는 마음이라는 것으로 표현할 수도 있고 스스로를 평가하는 마음이라고 하기도 한다. 남들의 평가가 아니라 자신의 평가를 말하는 것이다. 나를 낮게 평가한다면 자존감이 낮은 것이고 나를 높이 평가한다면 자존감이 높다고 표현한다. 하지만 높은 자존감이 늘 좋은 것은 아니고 자존감이 낮다고 해서 무조건 나쁜 것은 아니라는 심리학 책을 본 적이 있다.

예를 들어보면 우리는 누군가를 평가할 때 그 평가가 항상 같을까? 어느 날은 괜찮다 싶었다가도 또 어떤 날은 되게 별로이기도 하고, 또 어떤 날은 엄청난 평가를 주기도 한다. 그렇듯 자존감의 의미는 그런 것이다. 나에 대한 평가가 종종 변하기 때문에 자존감은 늘 높을 수도, 늘 낮을 수도 없다. 언젠가는 높았다가 언젠가는 낮았다가 그렇게 되는 거라서, 늘 자존감이 높은 사람은 없다고 한다.

다만 그런 순간이 왔을 때 스스로 어떻게 대처를 하느냐에 따라 자존 감이 달라지는 것이다. 스스로를 좋게, 멋지게 평가하는 것! 그것이 자존 감을 높이는 방법이고, 하지만 과잉으로 높은 자존감은 자칫 사회생활을 하는 데 힘들 수 있다는 것을 알아두었으면 한다.(독불장군이 될 수 있다 고 한다.)

2. 자신감의 의미와 뜻

자신감은 또 자존감과는 다르다. 가운데 글자만 하나 달라졌을 뿐인데 의미가 아주 다르다. 보통 자신감과 자존감을 혼동하는 분들이 많은데 그럴 만도 하다. 너무 헷갈리는 단어다. "자신감 있고 좋네!"라고 말하긴 하지만, 또 한편으로는 "너무 자신감 넘치는 것 아니야?"라는 식으로 부 정적인 평가를 받기도 한다. 그럼 자신감의 뜻이 무엇인지 살펴볼까?

자신감은 나를 얼마나 믿느냐의 차이이다. 나를 믿는 마음이 크다면 자신감이 큰 것이고, 나를 믿는 마음이 없다면 자신감이 없다는 뜻이다. '자신감이 있다, 없다'의 의미는 바로 이것이다. 자존감과 자신감에는 이 런 차이가 있다. 평가와 믿음의 차이인 것이다.

자신감이 높은 사람들은 일단 자신을 많이 믿기 때문에 무슨 일이든 해낼 수 있다고 생각해서 도전도 많이 한다. 하지만 자신감이 없는 사람 들은 스스로를 믿는 마음이 없기 때문에 불안하게 생각해서 도전도 하기 어려워한다. 하지만 장점이 있다. 매우 세심하다는 것, 준비가 철저하다는 것? 무엇이든 성향에는 양날의 검처럼 단점과 장점이 함께 존재하니까.

3. 자기애의 의미와 뜻

자기애는 또 무엇일까? 이것은 비교적 풀이가 쉬울 것이다. 나를 사랑하는 마음을 의미한다. 나를 얼마나 사랑하느냐에 따라 삶이 달라질 만큼 자기애는 중요하다. 나를 많이 사랑한다면 나를 소중하게 대하게 된다. 누군가를 사랑할 때 그 사람을 위해서 무엇이든 다 해주고 싶고, 관찰하고, 그 사람이 사랑하는 것과 좋아하는 것을 찾아내려고 한다. 그래서 자기애가 높은 사람은 그 모든 화살이 자기에게 다가온다. 그래서 자신이 무엇을 좋아하는지 무엇을 할 때 기분이 좋은지 그런 것을 잘 알고 있다.

반대로 자기애가 없는 사람들은 스스로를 사랑하지 않기 때문에 사랑에 대한 감정 자체가 부정적이고 불안하다. 아무리 다른 사람이 사랑을 주어도 사랑을 믿지 못하고 의심하고, 자신이 무엇을 좋아하는지, 무엇을 원하는지 알 수 없다. 다른 것은 몰라도 자기애는 높은 것이 좋다. 자기애가 너무 높으면 일명 나르시시즘에 빠질 수 있다. 나를 너무 사랑하기 때문에 세상 모든 사람들이 하찮아 보이고, 세상은 나를 중심으로 돌아간다고 생각한다. 자기애가 너무 낮으면 세상의 먼지 중 하나라고 생각하는 버릇이 커서 조용히 있으려고만 한다. 점점 더 작아지려고 한다.

나를 사랑하는 방법, 그러니까 자기애를 키워야만 세상을 살아가는 데 더 도움이 될 것이다.

짧고 얕은 지식이지만 나는 이렇게 자존감, 자신감, 자기애의 의미와 뜻을 간단하게 설명해보았다. 나는 예전에 자존감도 자신감도 자기애도 없었다. 그렇지만 이제 나를 믿는 마음은 조금 높아졌고, 나를 사랑하는 마음을 갖기 위해 많이 노력하고 있다. 자존감은 꽤 많이 높아졌다. 아주 작은 것 하나에도 내게 칭찬을 해주고 있다. 가령 책을 읽을 때 '아, 책을 스스로 찾아 읽을 수 있다는 내가 참 자랑스럽다'고 그렇게 칭찬을 해준다. 나를 평가하는 마음이 높아진 것이다. 또 내가 하는 일에 대해 "난 잘할 수 있을 거야."라는 말을 해서 자신감을 가지고 있다.

자기애도 마찬가지다. 간혹 자기애와 자기연민을 착각하는 사람들이 있는데, 자기연민은 스스로를 불쌍하게 여겨서, 이 마음이 심해지게 되면 온통 부정적인 감정으로 휩싸이게 된다. 그래서 나는 나를 사랑하기에 나를 대접하고, 나의 일을 사랑하고 스스로 잘하고 있었다고 그렇게 믿으며 자기애를 높이기 위해 노력하고 있다. 누군가에게 사랑받지 않아도 자기애가 있다면, 남들에게 사랑을 구걸하지 않아도 마음이 좋아진다. 내가 그런 상태이다.

앞에서 설명한 것처럼 자신감이나 자존감이 낮은 사람들은 자신의 강점보다는 '약점'에 초점을 두고 자기 자신을 부정적으로 보는 경향이 강하다. 이는 일상을 살아가는 데에도 도움이 되지 못하기 때문에 전반적인 자신감 향상은 삶에 있어 실제로 매우 중요하다. 자신감으로 삶의 질에 긍정적인 시각을 가질 수 있다. 자신감 향상은 절대 어려운 과제는 아니다. 가장 쉬운 단계로도 부쩍 향상될 수 있다. 그중 하나는 '독서'다.

일단 독서는 본인의 관심분야에서부터 가볍게 출발하는 것이 좋다. 하지만 계속 비슷한 수준의 책이나 한때 유행하는 흥미 위주의 책만 읽는 것은 좋지 않다. 성장하는 독서를 해야 한다. 독서의 폭도 넓어지고 깊이도 더해져야 한다. 그렇다고 자신의 수준을 뛰어넘는 턱없이 어려운 책을 읽으라는 말이 절대 아니다.

성장하는 독서를 위한 가장 좋은 방법은 문학작품을 읽을 때 읽고 끝내는 것이 아니라 그 작품의 배경이 되는 지리나 역사 등과 관련된 책도 함께 읽는 것이다. 그 책을 읽으면 또 의문이 생길 것이고 그러면 다시 의문을 해결할 수 있는 책을 찾아보면 된다.

자신감은 저절로 생기는 것이 아니라 스스로 만들어야 한다. 독서를 하여 내가 깨달은 가장 큰 핵심은 자신감에 대한 내 인식의 변화다. 독서를 하면 자신감 없고 소심한 사람도 얼마든지 바뀔 수 있다.

머리부터 발끝까지 당신을 빛나 보이게 하는 것은 바로 자신감이다. 당당하게 미소 짓고, 초조함으로 말을 많이 하지 않고, 걸을 때도 어깨를 펴고 활기차게 걷는 것만으로도 충분하다. 주위 환경에 기죽지 않으며,

아니면 아니라고 말할 수 있는 당당함이 필요하다. 당신을 놓치는 사람
은 평생 후회하게 될 것이라는 자신감을 가져라. 당신은 앞으로 무한히
발전할 것이고 당신의 노력은 세상 속에서 당신을 빛나게 할 것이다. 독
서로 자신감을 높여라.

02

책이 쌓일수록 삶은 더 단단해진다

"나는 약하다. 그래서 더 강해질 수 있다.

나는 부족하다. 그래서 더 채울 수 있다.

나는 경험이 많지 않다. 그래서 더 많은 경험을 쌓을 수 있다."

– 유근용, 『일일 일행의 기적』 중에서

그동안 나는 자기계발서로 여러 권의 책을 읽었다. 그런 책들을 통해 책의 유익함을 충분히 느끼고, 독서를 시작하고, 꾸준히 책을 읽으려고 노력하고 있다. 항상 책의 중요성은 알지만… 요즘 살짝 게을러진 책 읽기. 책이야말로 가장 흔하고 사소하게 삶에 마법을 걸 수 있는 도구이다. 나는 대체 왜 책을 읽으려고 하는 것일까? 책을 읽는 나만의 간절한 이유는 위에 『일일 일행의 기적』 책의 내용처럼 나는 약하다. 그래서 더 강해지기 위해서 책을 찾았다. 나는 부족하다. 그래서 더 채우기 위해서 책을 찾았다. 나는 경험이 많지 않다. 그래서 더 많은 경험을 쌓기 위해 책을 찾았다.

점점 발전하는 사람이 될수록, 과거 성공 경험을 더 많이 가지고 있을수록 의사결정은 더 본능적이고 정확해진다. 세상이 당신 일을 평가할 수 있겠지만, 그것이 당신이 누구인지를 정의하지는 못한다. 어쨌든 사람들은 당신을 판단한다. 다른 사람들이 당신에 대해 어떻게 생각하는지 당신의 결정에 영향을 주게 해선 안 된다. 그들은 그들의 삶을 사느라 너무 바빠서 당신이 어떻게 생각하는지를 고민할 시간적 여유가 없다.

당신 삶은 당신이 사는 것이고, 당신이 내린 결정은 당신이 책임을 진다. 다른 사람들이 당신에 대해 어떻게 생각할지 걱정하는 것은 시간과 에너지 낭비에 불과하다. 당신 자신과 삶에 대한 태도가 아니라 당신의 일에 진지해져라. 재미있고 즐겁게 살아라. 긴장을 약간 풀고, 매 순간을 즐기고, 당신의 행복을 오지 않을 미래로 미루지 말라.

당신은 다독가인가? 책을 많이 읽는 것이 좋지만은 않다. 소위 다독가라는 사람이 주변에 있다. 책을 많이 읽은 덕분에 삶이 바뀌었다며 많이 읽기를 권장한다. 하지만 많이 읽는다고만 해서 정말 삶이 바뀔까? 나는 그렇지 않다고 생각한다.

學而不思則罔 思而不學則殆

학이불사즉망 사이불학즉태

『논어』 위정편에 나오는 말로 의미는 이렇다. '배우기만 하고 생각하지 않으면 어둡다. 생각하기만 하고 배우지 않으면 위태롭다.' 이를 독서에 적용하면 '그저 읽기만 하고 생각하지 않으면 삶은 절대 변화하지 않는다. 읽을 생각만 하고 실제로 읽지 않으면 삶은 지금과 똑같이 흘러간다'는 말과 같다. 사실 책을 읽기만 하는 사람들이 많은 이 시점에 이 말은 큰 울림을 준다. 다독가가 되겠다며 몇 권씩 쌓아놓고 읽는 데만 집중하는 것은 이제 멈춰야 한다. 많이 읽었다는 사실에 만족하기보다 책을 읽으며 얼마나 질문을 던지고 생각해봤는지 그리고 삶에서 어떻게 실천하고 있는지를 돌아봐야 한다.

사실 나 역시 성공한 사람들은 전부 책을 많이 읽는다는 것을 알고 난 뒤 애써서 책을 읽으려고 한 적이 있었다. 빨리 책장을 덮는 것에 초점이 맞춰진 독서는 누군가에게 보여주는 용도로는 만족스러웠다. 하지만 권수가 쌓이면 쌓일수록 마음은 허해졌다. 인정받기 위해 다독가가 되려는 것인가 하는 생각 때문이었다. 죽은 독서를 하고 있었다는 깨달음을 얻었다. 살아 있는 독서를 하기로 했다. 남을 위한 독서가 아닌 내 삶에 기적의 울림을 일으키는 독서 말이다. 한 권을 읽더라도 제대로 읽기 시작했다. 많이 빨리 읽기 위해서는 깨끗하게 읽는 것이 포인트다. 생각을 기록하면 완독하는 데 걸리는 시간은 더 길어지기만 한다. 나 또한 책을 깨끗하게 읽는 것이 책을 아끼는 것이라는 생각으로 구김 없이 후르륵 읽는 데 집중했다. 하지만 살아 있는 독서를 위해 이 습관을 버리기로 했다.

가슴에 와닿는 문장이 있을 때마다 책에 생각을 적었고 밑줄을 그었다. 페이지 가장자리를 접거나 포스트잇으로 표시를 했다. 여기에 더해 독서노트를 만들어 책에서 밑줄 그었던 와닿는 문장 중 가장 좋은 내용을 선별해 적고 그것에 관한 생각을 기록했다. 시간이 오래 걸리기도 하고 처음에는 책에 메모를 한다는 것이 힘들게만 느껴졌다. 점차 시간이 지나면서 살아 있는 독서가 몸에 녹아들었고, 덕분에 지금은 이렇게 하지 않으면 어색하다. 이렇게 살아 있는 독서를 하다 보니 지금 작가로 책을 쓰고 있는 것이다.

적는 것에서 더 나아가 와닿는 문장 중 하나를 삶에서 실천하는 시간을 가졌다. 오로지 혼자 있는 시간을 가져야 한다는 글을 보고 디지털 단식을 시작했다. 책을 많이 읽는 사람으로 인정받고 싶다는 마음을 버리자 삶에서 하나하나 해나가는 시간이 즐거웠다. 인정받지 않아도 스스로 해냈다는 결실은 나를 뿌듯하게 만들었다. 삶은 더 풍성해졌고 자존감은 건강해졌다. 만약 많이 읽는 데만 신경 썼더라면 이 결과는 불가능하지 않았을까? 끝없이 인정받기 위해 애쓰고 있었을 테니까. 독서를 선택한 뒤 실제 내 삶은 생동감으로 꿈틀거렸다.

이렇게 내 책장에 책이 쌓일수록 책들 속의 갖가지 빛깔을 띤 수많은 세상이 내 머릿속을 물들인다. 오색찬란한 세상은 쉬운 길만 찾지 않겠다는 내 안의 열정과 만나 나만의 고유한 색을 띠는 세상으로 재탄생한다. 우리는 그 세상에서 얻는 감동과 기쁨을 나누며 세상을 더욱더 아름답게 확장시켜야 한다.

독서는 많은 시간과 노력을 필요로 하기 때문에 분명 쉽지 않은 일이다. 하지만 자신의 꿈과 성공을 위해 그보다 더 쉽고 확실한 방법은 없을 것이다. 주어진 시간은 누구나 공평하다. 동일한 조건과 개인을 위한 시간이 점점 줄어드는 시대에서 우리는 시간을 효과적으로 사용하기 위해 매달리고 집중해야 할 대상이 필요하다. 그렇게 인생의 위기마다 내 곁에는 책이 있었다. 누구에게나 찾아오기 마련인 위기 앞에서 많은 사람들은 그저 시간에 맡긴 채 자연적 해결을 바라며 황망히 기다리지만 돌아오는 것은 패배의식이 주는 자괴감과 쓸쓸함이다. 그런 상황을 어떻게 대처할지 모르는 사람들에게 저자의 경험과 폭넓은 지식이 묻어난 독서 예찬은 의미가 큰 것이다.

전국 서점에 나온 자기계발서 책들은 '아무리 어렵고 힘든 일이 있어도 내가 힘이 되어 줄게'라고 말하듯 손을 내밀고 당신을 기다리고 있다. 거듭되는 실패에 두려워하고 불안한 미래에 떨면서 움츠리고 있는 현대인들에게 위로가 될 수 있는 말이다. 나를 신뢰하고 내가 믿어야 할 대상, 어떤 상황에서도 나를 받아줄 수 있는 것이 바로 독서다.

인터넷에 떠도는 정보는 흘러간다. 그만큼 휘발성이 강하다. 온라인 정보의 대부분은 태생적으로 빈약하고 허술해서 순간적 관심을 불러일으킬 수는 있지만 곱씹어서 음미할 만한 가치는 없다. 매일매일 정보는 넘쳐나고, 제한된 시간 동안 그 정보를 팔기 위해 벌이는 치열한 경쟁은 자연스럽게 검증되지 않은 정보들이 더 자극적이고 과대 포장된 채 쏟아져 나오게 만든다.

그저 모든 사람들에게 인정받기 위해 무조건 많이 읽어 쌓이는 의미 없는 죽은 독서가 아니라, 속도가 느리더라도 제대로 읽으며 밑줄과 메모를 하며 기록하는 살아 있는 독서로 한 권씩 책이 쌓일수록 삶은 더 단단해진다. 나는 꾸준히 책을 읽는 사람, 늘 책을 만지며 가까이하는 삶을 살고 싶다. 매일 자라고 배우고 성장하는 어른이고 싶다.

질문의 힘은 생각보다 강하다

우리는 왜 질문을 하며 책을 읽어야 할까? 질문을 하며 읽어야 할 이유가 있다. 질문은 사고의 힘을 길러준다. 질문은 생각을 자극한다. 질문은 생각의 힘을 키우는 행동인 것이다. 질문할 때 뇌의 활동은 활발해지며 풍부한 사고가 가능하게 된다. 질문할 때 상상력이 작동되어 우리 안에 창의성이 생겨난다. 또 질문은 우리로 하여금 상대방의 주장에 대해서 깊이 생각하게 만든다. 질문은 독서의 효과를 배가시키는 최고의 읽기 방법인 것이다. 나는 독서할 때 궁금하거나 나의 생각과 상반되는 견해가 있으면 그 부분을 종이에 메모했다. 길을 걸어갈 때나 시간이 남을 때 그 써놓은 질문에 대해서 고민하고 사색했다. 내가 가지고 있던 생각과 부딪히는 것이 있으면 질문했다.

나의 생각보다 더 발전적이며 높은 수준의 가치 있는 생각이라면 나의 이전의 생각을 버리고 그 생각을 취했다. 저자의 생각이 나의 가치관과 너무 맞지 않고 발전적이지 않다면 또 다른 생각들도 있구나 하며 선반 위에 올려놓았다. 책을 읽으며 이러한 과정들을 계속 밟아왔다. 그냥 생각 없이 무작정 책을 읽기만 하지 않았다.

'왜? 정말? 다르게 생각할 수 있지 않을까?' 등의 질문을 끊임없이 던지며 저자와 소통했다. 그러면서 사고의 힘이 엄청나게 자라기 시작했다. 그냥 아무런 질문 없이 책을 읽는 것과는 차원이 다른 성장을 경험했다. 관심을 가지고 저자의 생각에 귀 기울이면 질문하게 되어 있다. 배우고 싶은 사람이 질문하는 법이다. 그리고 그런 사람만이 성장하는 법이다. 저자의 생각을 만나면 반드시 질문하고 사색하라. 질문 없는 독서는 가짜 독서요 성장을 가로막는 것임을 잊지 말아야 한다. 글자만 읽는 독서는 이제 그만. 질문하는 독서로 나아가자. 끊임없는 질문을 통해 성장하자.

"여기서 어느 길로 가야 하는지 가르쳐줄래?

그건 네가 어디로 가고 싶은가에 달려 있겠지.

난 어디든 상관없어.

그렇다면 어느 길로 가도 상관없겠네."

『이상한 나라의 앨리스』에 나오는 앨리스와 고양이의 대화이다. 앨리스의 질문에 대한 고양이의 대답이 적절한가. 아니면 엉뚱한가. 질문을 하는 가장 중요한 이유는 답을 얻고자 함이다. 그러나 어느 질문에는 그 질문을 하는 당사자가 답을 갖고 있는 경우가 많다. 카메룬 속담에는 "질문하는 사람은 답을 피할 수 없다."라는 말이 있다. 답을 하기 곤란하거나 명확하게 대답할 수 없을 때 질문자에게 반문해보면 질문했던 그에게서 자신이 원하는 답이 나올 수 있다.

작가의 무기는 무소불위의 권력을 휘두르는 상상력과 창조력이다. 창조뿐만 아니라 부활의 능력도 자유자재로 구사한다. 작가에 비해선 초라하지만 독자에게도 촌철살인의 무기가 있다. 책과 작가가 가장 좋아하면서도 무서워하는 무기이기도 하다. 그것은 질문이고 어떤 답도 피해갈 수 없고 상상력을 자극시키는 촉매제이다. 질문은 자신의 능력이 되고 질문의 수준은 인격의 수준을 나타낸다. 또한 그것은 관심과 호기심을 끌어들여 주의를 기울이게 만든다.
　책을 읽는다는 것은 작가와 끊임없이 대화를 나누는 과정이다. 질문과 대답의 반복이 책을 다 읽을 때까지 이어진다. 육체는 정지화면처럼 멈춰 있지만 정신의 활동은 그 어느 때보다 활발하다. 질문을 한다는 것은 적극적으로 독서를 하고 있다는 반증이다. 질문에는 상상을 초월하는 힘이 있다. 기존에 가져왔던 자신의 지식에 한계를 느끼거나 상충적인 내용을 담은 책에 던지는 의문이기 때문이다. 자신의 부족함을 알아가는 과정이 질문이고 상상력을 깨워 능력을 확장시키는 일이 질문의 역할이다.

책을 읽다가 내용에 대해 무심코 드는 질문. 그것은 자신의 지적 탐구 능력이 발휘되는 순간이다. 위대한 질문은 위대한 결과를 가져온다. 논리적인 질문은 이성적이고 논리적인 답을 준다. 감성적이고 불명확한 질문은 그대로 불명확하고 감성적이 대답이 되어 돌아온다. 질문 속에 대답이 있고 질문의 수준에 따라 답도 달라진다. 좋은 독서가 되려면 쉼 없는 질문을 퍼부어야 하며 지식의 한계를 넘어서는 질문이어야 한다. 질문하는 동안 자신의 생각은 상상의 나래를 펴고 한계를 넘는 지식과 만날 수 있는 것이다.

어린아이의 질문 하나가 위대한 발명으로 이루어진 사례가 있다. 폴라로이드는 즉석카메라의 상품명으로 창업자인 에드윈 H랜드가 개발했다. 휴가 중에 세 살짜리 딸이 "왜 사진은 찍은 뒤 바로 볼 수 없어요?"라고 물었다. 이 질문이 발명의 계기가 되었다. 소크라테스 또한 질문을 통해 세상에서 가장 현명한 사람이란 신탁을 받았으며, 타인에게 가르침을 줄 때도 정답이 아닌 질문을 늘 던졌다. 질문은 대답을 위한 것이기도 하지만 이미 정답이 내포되어 있어서 스스로 답을 생각하게 만든다.

책을 읽을 때도 마찬가지 공식이 필요하다. 자신의 문제해결과 성장을 위한 답만을 요구한다면 독서로는 자아의 질적인 성장을 이루기 어렵다. 답이 나오는 과정을 알아야 어느 곳에서도 응용할 수 있는 것처럼 질문을 통해 원인과 과정에 대한 끊임없는 탐구가 이뤄져야 한다. 책을 읽는 과정이 질문의 연속이 되어야 뇌는 폭풍 성장을 할 수 있다. 자신의 지식 안에 있는 물음표보다는 지식의 한계를 넘어서는 질문이 더 중요하다. 질문은 상상력을 동원하고, 상상력은 자아를 성장시키고 꿈을 실현시킨다. 노벨 문학상을 받고 멋진 삶을 살다 간 조지 버나드 쇼는 자신의 성공에 대해 이렇게 말했다.

사람들은 사물을 있는 대로 보며 '왜?' 하고 묻는다. 반면에 자신은 없는 것을 꿈꾸면서 '왜 안 될까?' 하고 묻는다. 그는 단순한 물음이 아닌 잠재능력을 끌어올릴 수 있는 질문을 함으로써 성장하고 발전할 수 있었다고 한다. 그는 묘비명에 쓰여 있는 '우물쭈물하다가 내 이럴 줄 알았지.'라는 문구만큼 기지와 위트, 그리고 상상력이 풍부한 사람이었다. 질문은 자신의 내면에 있는 잠자는 거인을 깨우는 일이다. 무한한 잠재능력이 되살아나기 위해서는 의식이 한계라고 정한 지식의 수준을 뛰어넘는 상상력을 발휘해야 한다. 알지 못하거나 자신의 지식과 상이한 내용에 대해 의문을 갖고 물어보는 행위가 질문이기 때문이다.

질문하는 독서는 지겨울 틈이 없고 성장이 되지 않을 수 없다. 질문은 생각하지 않으면 안 되고 생각은 성숙한 인간을 만든다. 우리들은 문제가 생기면 먼저 해답을 찾는 데 대부분의 시간을 보낸다. 근본적인 원인에 대한 의문 없이 답을 찾을 수 없음에도 강박관념에 걸린 사람처럼 해답만을 찾는다. 중요한 것은 답이 아니라 질문이 우선되어야 한다. 질문을 통해 본질을 파악하고 상상력을 발휘해야 하는 것이다. 이를 증명하듯 천재적인 과학자 알버트 아인슈타인도 질문의 중요성을 강조했다.

질문이 정답보다 중요하다. 곧 죽을 상황에 처했고, 목숨을 구할 방법을 단 한 시간 안에 찾아야만 한다면, 한 시간 중 55분은 올바른 질문을 찾는 데 사용하겠다. 올바른 질문을 찾고 나면, 정답을 찾는 데는 5분도 걸리지 않을 것이다. 질문의 질과 수준은 자신의 삶을 대변해준다. 자신의 뇌는 질문과 그 수준에 맞는 인격으로 변화한다. 논리적인 질문이 논리적이고 이성적인 삶을 주고, 아름다운 질문이 아름다운 삶을 만든다. 질문의 수준은 곧 삶의 수준이 된다. 독자의 힘은 질문이다. 책에 질문을 한다는 것은 자신에게 질문을 던지는 것이다. 작가는 단지 도와줄 뿐이고 분석하고 사고해서 답을 얻는 것은 자신이 해야 할 몫이다.

질문은 책을 읽는 사람을 생각하게 만들 뿐만 아니라 그 책에서는 답을 얻지 못하더라도 귀중한 정보를 얻게 한다. 질문을 던진다는 것은 호기심의 발로이며, 주의와 집중으로 답을 얻는 방법이다. 본질이나 핵심이 무엇인지 정확하게 물어보는 것이 질문이다. 일정한 길을 왕복하는 사람이 습관적인 방법으로 다니면 매일 스쳐 지나가는 사람이 있다 해도 인지하기가 어렵다. 또한 생각 없이 다니면 길가에 핀 꽃이 무슨 꽃인지, 어떤 색상인지 기억할 수 없다. 하지만 연인이나 친구라면 단번에 알아보고 반갑게 달려갈 것이다. 관심과 호기심이 작동해야만 온전히 알아볼 수 있다.

책을 읽을 때도 이와 마찬가지다. 관심 대신 질문이 그 역할을 대신한다. 좋은 질문은 좋은 독자를 만든다. 좋은 독자는 자아성장을 잘 이루는 사람이다. 결국 좋은 질문은 자아성장을 위한 디딤돌이자 성공의 씨앗이 된다. 생각의 수준이 높은 질문은 자신의 삶의 수준을 높이는 결과를 가져오는 셈이다. 독자의 가장 큰 무기인 질문을 잘 사용해서 꿈을 이루는 수단으로 사용해야 한다. 그냥 읽기만 하는 사람은 책의 내용을 잘 이해한다고 할 수 없다. 질문하지 않는 독자는 수동적인 독서를 하며 상상력과 창의력을 잃어버리고 재미없는 독서를 하게 된다. 질문이 없다는 것은 관심과 호기심이 없다는 말이다. 그런 독자는 무기도 없이 전쟁터에 나가는 병사와 같아서 책에서 얻을 수 있는 게 별로 없다. 끊임없이 질문하며 책을 읽어야 한다. 마침표가 아닌 물음표가 많아야 참된 독서를 하는 것이다. 그래서 질문의 힘은 생각보다 강하다. 질문은 깨어 있는 독서의 포인트가 된다.

04

직장인이라면 자기계발서와 경제 · 경영서를 읽어라

'평생직장은 없지만 평생 직업은 있다.' 요즘 직장인은 대부분 이렇게 생각하지 않을까. 1960~1970년대 태어난 이만 해도 한 직장에 취업하면 정년퇴직할 때까지 있는 경우가 많았다. 지금은? 공무원이나 공공기관에 종사하는 몇몇을 제외하면 그런 생각을 갖고 있는 이는 거의 없다. 1997년 외환위기 전만 해도 직장은 그 사람의 직업을 나타냈지만 이후 '평생직장'이란 말은 자취를 감춘다. 더 이상 '직장=직업'의 공식은 들어맞지 않는 시대가 됐다.

평생 직업을 갖기 위해선 어떻게 해야 할까. 꾸준한 자기계발과 전문성 확보가 필수다. 리서치 전문업체 엠브레인이 전국 만 19~59세 직장인 남녀 1,000명을 대상으로 설문조사한 결과, 10명 중 8명(81.1%)이 자기계발에 관심을 갖고 있었다. 2014년(79.5%)에 비해서도 소폭 상승한 결과다. 특히 젊은 직장인일수록 자기계발을 하겠다는 다짐(20대 90.4%, 30대 89.6%, 40대 88.4%, 50대 85.6%)이 강하다. 현재 자기계발 활동을 하는 직장인은 주로 유익하게 시간을 보내고 싶고(57.3%, 복수응답), 새로운 것을 배우는 기쁨이 크며(53.3%), 하루하루 발전해간다는 뿌듯함이 있어서(50.9%)라고 응답했다.

직장인의 자기계발 활동은 주로 외국어 공부(40.5%, 복수응답)다. 직무 관련 업무지식 배양(38.5%)과 다양한 방면의 독서(38.1%), 재테크 공부(32.5%)를 하는 직장인도 많다. 자기계발에 투자하는 시간은 보통 하루 2~3시간(25.9%) 또는 1~2시간(23.6%). 투자비용은 한 달 기준 5~10만 원(24.6%), 10~20만 원(21.8%), 5만 원 미만(12.2%) 등 주로 20만 원 미만의 금액이 사용되는 것으로 조사됐다.

'퇴근 후, 혹은 주말에 학원을 다니고 자기계발 공부하는 것은 더 이상 남의 일이 아니다.' 하루하루 적당히 살 것인가? 아니면 책에 미쳐서 위대함의 씨앗을 자신의 정신과 마음에 심을 것인가? 선택은 온전히 당신의 몫이다. 독서를 하면 다양한 간접 경험을 통해 전두전야가 발달된다. 창조성과 상상력이 부족한 사람이라도 많은 책을 단기간 동안 읽으면 되는 그것에 반응하여 전두전야를 비롯한 기능이 발달할 뿐만 아니라 뇌의 전체 부위가 네트워크로 연결되어 입력된 지식과 정보를 저장하고 소화하려고 노력한다.

이 책 『지금 독서가 필요한 이유』는 당신의 창의력을 높여 어느 분야에서도 인정받는 인재로 만들어줄 것이다. 책에서 얻은 사고와 혜안과 통찰력이 남다른 시각을 갖게 해주었고 남보다 크게 앞서 나갈 수 있었던 이유라는 것이다. 만약 그 독서를 하지 않았다면 평범한 직장인의 길을 걷고 있었을 것이다. 독서를 할 수 있는 능력은 이 세상에서 가장 강력한 무기를 손에 쥔 것이나 다를 바 없다. 책에서 말하는 독서습관을 가지고 독서법을 실천하여 의식과 사고가 비약적으로 도약하고 정신의 고양과 상상력과 통찰력을 기르면 미래가 눈에 보인다.

책 읽기를 통해 인생역전을 이루고 싶다면 자기계발서와 경제, 경영서를 읽어라. 다양한 독서의 경험과 몰입을 통해 독서의 기술과 방법을 터득해라.

독서를 하다 보면 어느새 책을 고르는 능력이 생기게 될 것이고 자신의 사고와 의식이 무한대로 확장되고 있음을 느끼게 될 것이다. 1,000권의 책에는 시대 변화의 거센 흐름을 이겨낼 지혜가 담겨 있다. 책을 읽는 것은 사신의 머리로 타인의 생각을 하는 것과 같다. 자신과는 다른 삶을 살았던 이들의 책을 읽다 보면 어느새 수많은 사람의 삶을 이해하게 될 것이고, 생각이 확장되는 것을 스스로 느낄 것이다. 단기간에 많은 양의 책을 읽었다는 것은 결국 천부적 재능보다 단기간에 걸친 엄청난 양의 독서가 삶을 바꾸는 계기가 된다는 의미다. 엄청난 양의 독서는 사고와 의식 수준을 비약적으로 도약시켜줄 만큼 강력한 힘과 영향력이 있다. 더구나 짧은 시간의 독서는 엄청난 시너지를 발휘할 것이다.

인간의 무한한 잠재력을 일깨우고 능력을 개발하는 데 가장 중요한 것은 다독이다. 책을 읽지 않게 되면 평생 현재 그 수준에서 머물 수밖에 없다. 책을 읽지 않는 사람은 평생을 똑같은 수준으로 부지런히 꿀벌처럼 일할 수 있지만 게릴라처럼 갑자기 출세하거나 사업에 성공하지는 못한다. 평소에 꾸준히 책 읽기를 통해 놀라운 지식 능력 그리고 자신감을 얻은 자만이 혁명적인 두각을 나타낼 수 있다. 인생역전을 위한 마지막 카드는 책이다. 타인의 노력으로 터득한 사유와 지혜의 정수를 고스란히 이용할 수 있는 책을 많이 읽자. 책을 많이 읽어야 하는 또 다른 이유는 절대로 만날 수 없는 과거 위인의 가르침을 쉽게 접할 수 있기 때문이다.

나도 현재까지 평범한 직장인으로서 더 나은 직장만 찾고, 더 좋은 직장에 입사하기 위하여 자격증 취득 교육과정 강의를 찾았었다. 그리고 입사한 후에는 직장생활에만 집중하고 몰두했었다. 너무나 당연하게 남들과 다르지 않게 안정적인 직장생활에 나의 변화를 가지려 하지 않았었다. 나도 마찬가지이지만 대부분의 사람들은 크고, 작은 변화를 만들기 위해서는 어떠한 자극이나 상처를 받아야 변화를 만들려고 생각을 하게 된다. 지금은 직장인이 되기 위한 기술을 배우는 학교는 더 이상 당신의 성공을 보장하지 않는다.

앞의 내용에서 리서치 전문업체 엠브레인이 설문조사한 결과, 직장인의 자기계발 활동이 다양한 방면의 독서(38.1%)와 재테크 공부(32.5%)로 나왔듯이 독서와 경제, 경영이 전혀 관심 없는 것은 아니다. 독서를 하면 시간 때우기식으로 만화책을 보기보다는 이왕 보는 책으로 작은 감동을 받거나 동기부여가 되는 자기계발서와 재테크 공부를 위해 경제, 경영 분야의 책을 읽으면 자기계발로 인해 변화된 모습을 만들어가거나 지름길과 안정적인 길로 쉽게 찾아갈 수 있는 당신의 나침반과 지도가 되어 줄 것이다.

앞 장에서도 언급했듯이 나도 자기계발서 위주로 읽었고, 주식투자 및 재테크를 알기 위해서 경제, 경영의 책도 찾아 읽었다. 그리고 나는 책을 읽고만 끝낸 것이 아니어서 지금 현재 책을 읽는 독자가 아니라 쓰고 있는 저자가 된 것이다. 제발 책을 읽기만 하지 말고, 읽었으면 무엇인가 찾아서 도전할 수 있는 일을 만들었으면 좋겠다. 제일 좋은 방법으로는 자신이 지금 현재 이루어낼 수 있는 일이나 이루고 싶은 것으로 버킷리스트를 만들어보는 것을 추천한다.

버킷리스트 중에서 가장 쉬운 일부터 하나씩 도전해보고 지워나가다 보면 자신감이 생기고 흥미가 붙을 것이다. 그러면 하나씩 변화되어가는 삶을 보게 될 것이다. 우선은 자기계발서와 경제, 경영서를 읽고 동기부여가 되고 자신감이 생겨야 도전을 할 수 있을 것이다. 버킷리스트만 만들고 도전하면 되지 싶지만 진짜 쉽거나 작은 목표라면 책을 읽지 않고서도 얼마든지 할 수 있겠지만, 당신의 버킷리스트는 쉽고 작은 목표만 적을 것이 아니라는 것을 잘 알기 때문에….

  그리고 큰 목표라면 먼저 도전했던 사람들의 일상과 성공하기까지 크고 작은 문제점 등의 배울 점을 얻기 위해서도 책이 꼭 필수인 것이다. 자기계발서, 경제, 경영의 책들은 저자가 경험해본 일들을 담아두었을 것이고, 책을 읽고 동기부여만 주는 것이 아니라 목표나 도전하는 방향에 대해서 리스크를 줄이고 빠르게 목표달성을 이룰 수 있도록 도와줄 것이다. 그 책은 단순 만화책이 아닌 자기계발서와 경제, 경영 분야의 책이다. 이 책을 읽는 당신이 변화를 만들고 싶은 직장인이라면 자기계발서와 경제, 경영분야를 꼭 읽어라. 누구라도 집중적인 독서를 통해 자신을 위대한 존재로 성장시킬 수 있다. 사람의 운명이란 어떤 기회를 얻었는지 문제가 아니라 어떤 선택을 했는가의 문제에 따라 달라진다. 지금부터 우리 운명을 위한 선택을 시작하자. 독서를 통해 최고가 되겠다는 마음가짐과 자부심은 독서에 매진하게 하는 원동력이 된다. 최고를 기대하고 최고임을 선언한 사람에게는 최고의 결과가 돌아오는 법이다.

05

습관을 긍정적인 형태로 변화시켜라

    우리나라 속담에 '세 살 버릇 여든까지 간다.'는 말이 있다. 어릴 적 잘못된 습관을 고치지 않으면 나이가 들어서도 고치지 못한다는 뜻이다. 우리나라 대부분의 사람들은 독서습관이 들여져 있지 않다. 나 역시도 길들여져 있지 않았다. 막상 시간을 내어 책을 읽어볼까 싶으면 더 재미난 것이 생각나거나 IT기술이 생활 전반에 침투한 요즘 스마트폰으로 유튜브 영상이나 SNS를 즐겨 하기 바쁘기 때문에 독서라는 시간은 뒷전으로 미루어왔다. 그리고 우리나라의 젊은 부모는 자녀에게 유아시기일 때부터 스마트폰을 손에 쥐여준다. 어린 자녀가 울거나 투정을 부리면 손

쉽게 달래는 방법으로 스마트폰으로 유튜브 어린이 영상을 보여주는 것이다.

독서는 누구나 해야 하는 것인데 누구나 하지 않는다. 우리나라 성인 중 일 년이 되어도 독서를 하지 않는 사람이 절반이다. 앞서 이야기했듯 안 읽어봤으니 독서의 맛을 모르기 때문이다.

독서를 해본 사람은 계속해서 독서를 하지 않을 수 없다. 독서의 맛은 한번 보면 잊기 어렵기 때문이다. 독서를 하지 않는 사람과 독서를 하는 사람은 점점 격차가 벌어진다.

지금부터라도 길들여져 있지 않은 독서습관을 위해 하루에 짧게 10~20분씩이라도 독서하는 시간을 만들어야 한다. 하루하루 짧은 독서 시간이 모여서 길들여지면 크나큰 습관이 된다. 사람들마다의 차이는 있지만 자기 내면의 긍정적인 에너지를 밖으로 꺼내기까지 다른 사람보다 좀 더 시간이 오래 걸릴 수 있다.

긍정적인 습관 그 첫 번째는 순간을 즐기는 것이다. 미래를 위한 계획을 짜는 것은 좋다. 그리고 어느 정도는 필요한 것이기도 하다. 하지만 이를 통해 우리가 불안이나 좌절을 느낀다면 이야기는 달라진다. 우리는 최대한 지금, 이 순간을 즐기며 매일 주어지는 기회를 통해 미래를 만들어가야 한다. 힘든 하루를 보내고 있거나 모든 것이 불투명해 보인다면, 긍정적인 태도를 통해 스트레스를 낮추고 일상의 사소한 것들도 즐길 수 있을 것이다.

둘째는 부정적인 에너지와 작별하는 것이다. 불행히도, 부정적 에너지는 곳곳에 있으며 우리가 상상도 못 한 순간에 갑자기 튀어나온다. 가족 문제, 연애 문제, 다른 힘든 상황들은 스트레스를 주며 우리는 부정적인 감정에 빠져 행복을 잃어버린다. 분노를 잠시 옆으로 제쳐두고, 문제를 해결하려 노력하면 우리의 일상을 괴롭히던 부정적 에너지를 막을 수 있을 것이다. 또한, 우리에게 부정적인 에너지, 질투, 이기심 등의 나쁜 감정을 전달하려는 사람과 어느 정도 거리를 두는 것이 좋다.

셋째는 다른 사람이 '배 놓아라, 감 놓아라.' 하는 것에 신경을 쓰지 말아야 한다. 모든 사람이 비슷할 수는 없다. 어쩔 땐 이로 인해 내 행동과 기회에 제약이 생길 수도 있다. 우리에게 좋은 조언만을 주려는 사람도 있지만, 어떤 사람들은 우리 의사와는 상관없이 자신의 관점이나 의지를 강요하려고 한다. 우리를 대신해 옳고 그른 것을 따지는 사람들 말을 듣는 대신, 우리 자신의 마음과 생각을 따라 삶을 사는 법을 배워야 한다.

넷째는 실패를 받아들여야 한다. 실패는 성공의 한 과정이다. 인생의 어느 시점에서, 우리는 모두 실패하게 된다. 중요한 것은, 실패를 긍정적인 태도로 받아들이면 그 뒤에는 항상 이보다 더 나은 결과를 얻게 된다는 것이다. 나쁜 경험에 빠져 사는 것은 인생에 좌절만 불러오며 다른 기회를 놓치게 만든다.

다섯째는 잘할 수 있는 일을 찾아라. 자신이 잘할 수 있는 일이 무엇인지 아는 사람들은 더 긍정적인 관점을 갖게 되는 경향이 있다. 자존감이 올라가고, 사회생활을 더 활발히 하며 즐거움과 행복을 찾는다. 자신감은 어려울 것 같아 보이는 상황을 해결하는 데 필수적이다. 힘든 환경을 이겨낼 수 있도록 항상 긍정적인 마인드를 가지자.

여섯째는 건강한 신체와 긍정적인 사고가 필요하다. 건강한 신체와 긍정적인 사고의 결합은 언제나 우리를 발전시킨다. 운동, 목표 설정, 사랑하는 사람과 생각을 나누는 것은 모든 상황을 긍정적으로 바라보도록 만들어준다. 긍정적인 사람이 되도록 노력하라는 뜻이 아니다. 태도를 서서히 바꾸면서 우리의 한계를 넘고 매일 더 나은 사람이 되도록 하는 삶의 지향점을 정하자는 이야기이다.

일곱째는 말로만 하지 말고 행동하자. 말만 하는 것은 아무 힘이 없다. 행동은 흔적을 남기며, 우리가 목표를 위해 한 단계씩 거쳐가고 있다는 것의 증거가 된다. 모든 것이 잘될 거라는 긍정적인 말만 되뇌는 것보다, 현실을 깨달을 수 있게 직접 몸으로 부딪쳐보는 건 어떨까? 말보다 행동이 더 중요하다.

이렇게 독서를 좋은 습관으로 만들어보는 것은 어떨까? 나 역시도 독서가 좋은 습관으로 잡혀 있지 않았던 사람 중의 하나였다. 나는 요즘은 〈한책협〉에 등록하고 책 쓰기 과정은 종강했지만, 〈성공 MBA 의식성장 대학〉 과정을 등록하고 수강하는 중이다. 성공 MBA를 등록하기 전까지 1~2주 정도 나만의 집필 시간이 있었는데 솔직히 집중력이 떨어졌던 것 같다. 나도 직장인이고 사람인지라 의식이 떨어지니 독서를 미루게 된다. 혼자서 독서습관을 올리기 어렵다면 독서모임을 해보기를 권한다. 독서모임을 하면 같이 하는 사람들보다 뒤처지지 않으려는 오기가 생긴다. 그렇게 되면 독서를 조금씩이라도 더 하려고 하게 된다.

그리고 나는 책을 습관적으로 찾아 읽을 수 있도록 내 생활 주변 가까이에 두고 있다. 책상 위, 컴퓨터 앞, 침대 위에도 내 일상 주변에 여러 권의 책들을 여기저기 두고 생각날 때마다 조금씩 읽고 있는 것이다. 그리고 책을 구입하는 데 돈을 아끼지 않는다. 책을 한 번 구입하면 3~4권씩 구입한다. 나보다 더 많이 구입하는 사람들도 있겠지만, 그렇지 못한 사람들을 위한 동기부여가 되었으면 좋겠다. 책을 구입할 때에도 자신감을 가져라. 아낌없이 당당하게 읽고 싶은 책을 구입하는 것이다. 책이 내 생활 주변에 쌓여 있으면 언젠가 읽고 싶어질 때가 있다. 그럴 때 조금씩 읽는 것도 좋은 방법이다.

우리의 생활 전반에 IT기술이 많이 자리 잡고 있는 것은 사실이다. 독서를 하기 위해서는 스마트폰의 유혹을 뿌리치고 책을 가까이해야 한다. 습관과 연령에 상관없이 종이책을 가지고 공부했을 때에 여전히 실제 장점이 더 많다. 종이책의 텍스트가 3차원적 질서를 따르고, 뇌와 모든 감각은 물론, 몸 전체가 정보를 받아들이는 과정에 관여한다. 사고 과정에 신체적 구성 요소가 포함된다. 책의 모든 작은 세부 요소가 내용과 함께 거대한 연상 흔적을 만들어간다. 종이 책에서는 어느 부분에서, 페이지의 어디쯤에서 무엇을 읽었는지 말할 수 있다. 종이에 인쇄된 책을 읽을 때 우리의 인지적 다양함은 문장의 한계를 벗어난다. 종이 위로 떨어지는 빛의 반사가 발광 모니터보다 사람의 눈을 덜 피곤하게 한다는 것도 간과할 수 없다.

당연히 디지털 미디어로도 문헌을 찾아보고, 모니터에서 배운 것을 잘 기억할 수 있다. 종이책이든 전자책이든 독서는 그 자체로 이미 뇌에 유익한 훈련 방법이다. 독서는 뇌를 영리하게 만들고, 동시에 뇌의 많은 성능을 개선하는 훌륭한 훈련 방법이다. 독서 훈련이 된 독자는 문자로 된 단어 300개를 1분 만에 파악할 수 있다. 이에 비해 말하는 것을 들을 때에 이해할 수 있는 단어의 수는 대부분 1분에 150개밖에 안 된다. 우리는 글을 읽고 쓰는 능력을 잃지 않도록 주의해야 한다. 이것은 인류가 이룬 위대한 문명의 업적이며 우리의 기억력을 위해 필요한 소중한 수단이다.

그 자체로 유익한 두뇌 훈련을 하라. 작은 습관 중에 단점은 보완하고 장점은 크게 살려서 자신의 습관을 긍정적인 형태로 변화시켜라.

성공 MBA 줌 강의

06

단단해지는 연습을 시작하자

"책을 두 권 읽은 사람이 책을 한 권 읽은 사람을 지배한다."

― 에이브러햄 링컨

책은 마음의 양식이라는 말이 있듯이, 다양한 책들을 하루하루 읽어나
가면 우리의 정신도 맑아질 수 있다고 한다. 사람들은 저마다 다양한 이
유로 독서를 한다. 어려서부터 독서를 많이 하면 좋다는 이야기는 수없
이 들어왔을 것이다. 독서는 마음의 양식이라는 말이 있는 만큼 실제로
독서는 우리의 마음, 정신, 육체를 건강하게 하는 데 큰 도움을 준다고

한다. 독서를 하면 서서히 사람의 마음을 사로잡는다는 말이 있다. 독서를 하면 아이디어와 생각이 끊임없이 샘솟게 된다. 더 중요한 사실은 양질의 우수한 책을 읽었다면 두뇌를 더욱 강화시킬 수 있다는 것이다. 그뿐만 아니라 스트레스 해소 방법으로 독서가 1위로 선정됐다.

6분 정도만 독서를 하면 68%의 스트레스가 줄어든다는 연구 결과도 있다. 독서, 음악 감상, 게임, 산책 등등 여러 가지 스트레스 해소 방법들이 스트레스를 얼마나 줄여줄 수 있는지 연구한 결과 6분 정도 독서를 하니 스트레스가 감소되었고 심장 박동수 역시 낮아지면서 근육의 긴장이 풀어지는 것으로 나타났다. 많은 사람들이 살아가면서 한 번쯤은 로맨스 소설을 읽어봤을 텐데 호불호가 있을 수 있지만 로맨스 소설은 세대를 뛰어넘는 인기 있는 장르 중 하나이다. 로맨스 소설을 읽으면 신체와 정신, 그리고 대인 관계에 장점으로 작용한다. 로맨스 스토리를 읽으면 행복감으로 인해 스트레스를 해소할 수 있고 심장 박동수가 차분해지고 혈압이 낮아진다.

그중에서도 직접 경험하지 못한 것들을 책으로나마 경험할 수 있는 것이 장점이 아닐까 싶다. 자기계발 책을 읽으면 공감 능력을 키울 수 있다. 처음에 알아차릴 수는 없지만 저자의 자기계발 속에서 과거 어려웠던 점, 힘들었던 점 등을 극복했던 과정들을 읽으면서 독자의 눈에서도 눈물이 흐른다면 이는 다른 사람의 고통을 느낄 수 있다는 것을 의미한다. 자기계발서 읽는 것을 적극 추천하지만, 소설책을 읽더라도 작가가 만든 상상의 세계에 푹 빠져, 일상의 스트레스와 걱정들로부터 탈출할 수 있다.

영국 글래스고 대학 연구팀은 인지행동치료의 일종으로 가벼운 우울증을 겪고 있는 환자에게 독서가 긍정적인 영향을 줄 수 있다는 '독서 요법 치료'를 연구 결과로 내놓았다. 우울증 환자 200명을 대상으로 참여자의 절반에게는 우울증 약을 복용하게 했고, 나머지는 치료용 책을 읽게 하였다. 치료용 책에는 불면증에 대처하는 방법과 같이 우울증 환자들이 흔히 겪는 증상을 완화시키는 내용들이 담겨 있었으며 책을 읽은 환자들에게서 우울증 증세가 현저하게 완화되었다는 사실이 관찰되었다. 이처럼 책은 우리의 지식을 풍부하게 해줄 뿐만 아니라 우리의 감정을 기쁘게 하기도 하고, 슬프게 하기도 한다. 이러한 원리를 이용하여 다양한 독서치료 프로그램이 운영 중이다.

나는 항상 단단함이 아닌 유연함을 택했었다. 상처 받을까 봐, 부러질까 봐. 하지만 세상은 나의 뜻대로 돌아가지 않았고, 적당히 단단해야 버틸 힘도 생기는 것을 알았다. 단단하지 못하니 자주 흔들리게 되었고, 때로는 꺾인 채 일어서지 못할 때도 있었다. 물론 겉으로 티내지 않으니 암묵적으로 나 자신만 알고 노력으로 이겨내고는 했다. 그래서 단단해지는 연습을 해야 했다. 나이가 많든, 적든 상관없이 사람이라면 누구나 제일 힘든 것이 있다면 그것은 감정이자 감정 다스리기 아닐까? 일을 하다가도, 공부를 하다가도 갑자기 불쑥 예상치 못하게 튀어나오는 여드름처럼 떠오르는 기분 나쁘고, 아프고, 화나는 기억들로 인해 잔잔했던 감정이 확 나빠지거나, 우울해지거나, 파도처럼 들쑥날쑥하게 만들지 않는가. 그리고 사소하고 작은 일과 말에 상처를 잘 받고, 그래프의 상승과 하락 곡선처럼 위, 아래로 마구 흔들어놓기도 하지 않는가. 이처럼 감정과 감정 다스리기는 내 감정인데도 컨트롤하기가 쉽지 않고 왜 이런지 자세하게도 잘 모른다.

사람은 살아가는 데 감정에 영향을 많이 받는다고 한다. 감정에 따라 똑같은 상황 속에서도 다르게 대처하고, 생각하고, 느낄 수 있다. 우리는 살아가다 보면 원하든, 원치 않든 다양한 상황에 놓이게 된다. 그럴 때 감정은 바람에 흔들리는 나뭇잎처럼 쉴 새 없이 흔들릴 때도 있고, 돌이켜 생각해보면 별것 아닌 일이나 말에 쉽게 상처받고, 우울해지고, 분노를 느끼기도 한다. 그러면 자신을 자책하거나 남을 탓하거나 아니면 모른 척하거나 하는 식으로 감정을 억누르거나 숨긴다. 하지만 그럴수록 오히려 역으로 튀어오르려 하기에 더 안 좋은 상황과 생각과 감정을 가지게 된다.

그동안 어떻게 다스리고, 어떻게 바라보고, 어떻게 생각해야 할지 몰랐던 내 감정을 더 솔직하면서 깊이 있게 느끼고, 바라볼 수 있게 나는 책을 읽으면서 배우고, 공감하고, 알게 되었다. 공감도 했을 뿐만 아니라 '나만 이런 것이 아니라 다른 사람들도 똑같구나' 하는 동질감도 느꼈다. 책을 읽으면서 몰랐던 놀라운 사실을 알게 되었다. 감정은 주변의 암시로 만들어진다는 것을 말이다. 그러고 보니 오랜만에 친구들을 만나면 그 친구들이 '얼굴이 말이 아니다.' '얼굴이 아파 보인다.'와 같은 말들을 하게 되면 집을 나오기 전까지, 친구들을 만나기 전까지만 해도 내 얼굴이 만족스러웠고, 컨디션도 좋으며, 상태도 좋았다고 생각했던 감정이나 생각들이 순간 '그런가? 얼굴 상태가 별로인가?'라고 바뀌게 되고 흔들리게 된다. 이처럼 감정은 말에 의해 영향을 받기도 하며, 암시에 걸리게 되기도 한다.

감정에 더 이상 흔들리지 않게 과장되게 표정을 지으라고 말하고 싶다. 생각지 못한 방법이라 놀라면서도 연습을 하면 어렵지 않을 것이란 생각이 들 것이다. 웃는다면 크게 웃고, 미소를 짓는다면 활짝 미소를 지어보자. 누가 봐도 알 수 있게 말이다. 짜증이 나거나 슬프면 확실하게 짜증을 내거나 슬퍼하면 된다. 표정을 긍정적으로 좋게 바꾸기만 하면 내 감정도 그렇게 바뀌게 된다. 이러한 암시에 벗어나는 것도 독서하는 것에서 도움을 받는다. 독서로 심장 박동 수도 감소시킨다는 연구 결과처럼 마음과 감정 다스리기 또한 가능해지는 것이다.

에이브러햄 링컨의 '책을 두 권 읽은 사람이 책을 한 권 읽은 사람을 지배한다.'라는 명언이 있듯이 독서는 마음, 정신, 육체적 건강뿐만 아니라, 지식을 쌓는 도구로 큰 이로움이 있다. 지식을 쌓아 아는 것이 많으면 그만큼 힘이 된다. 우리 주변 일상에서도 쉽게 찾아볼 수 있듯이, 나

는 매주 월요일 저녁에 KBS1 〈우리말 겨루기〉를 즐겨보는 편이다. 2010
년부터 12년간 MC로 활약했던 엄지인 아나운서가 하차하고, 후임으로
박지원 아나운서가 이어받았는데, 프로그램 명에서 알 수 있듯이 한국어
와 관련된 여러 문제를 푸는 것이 주요 내용이다. 참가자들은 다 같은 대
한민국 국민들이고, 한글로 된 문제를 풀어나간다. 문제가 우리말이니
대한민국 사람이라면 다 잘할 것이라 생각할 수도 있다. 하지만 우리말
하나만 다뤄서 타 퀴즈 프로그램보다 난도가 훨씬 높다. '우리말'이라는
큰 굴레가 있어 다른 퀴즈 프로그램보다 쉬워 보일지 모르지만 다른 퀴
즈 프로그램이 여러 가지 장르의 고난도 문제를 넓게 낸다면 여기는 반
대로 우리말의 단어, 맞춤법, 띄어쓰기, 문학 등 여러 부류를 깊게 출제
한다. 처음에는 네 명의 참가자가 똑같은 조건에서 시작한다. 4명의 참
가자 중에서 한 명의 달인이 나올 때까지 단계별로 나가는데 점수가 안
되거나 나중에는 문제를 못 맞히면 탈락한다. 최종 1인이 마지막 달인 문
제까지 도전하여 통과하면 1등의 상금이 주어지지만 탈락하면 상금은 없
다. 이 프로그램만 보더라도 참가자가 지식이 많으면 인정을 받고 상금
도 받을 수 있는 기회도 주어진다. 하지만 그렇지 못하면 참가했다는 명
분만 있을 뿐 인정을 받거나 상금을 받을 기회는 없는 것이다.

  퀴즈 프로그램에 누구나 참여는 가능하겠지만 지식이 없으면 망신을
당할 수 있다. KBS 한국방송 『우리말겨루기 기출문제은행』(우리말겨루

기 작가진 지음)이라는 책도 있다. 퀴즈 참가자라면 기출문제은행 책으로 수많은 공부를 하여 지식의 단단해지는 연습을 해서 도전하는 것이다. 꼭 퀴즈 참가자가 아니더라도 일상생활 속에서도 내면으로나 외면으로나 단단해지는 연습을 하기 위해서는 독서가 필요하다.

07

시작이 어렵다면 그들처럼 하라

나도 몇 권의 자기계발서를 읽고 책 속에서 하나같이 책을 읽었으면 지금 당장 할 수 있는 것으로 도전하라는 내용을 보고 어떻게 시작해야 할지 막막해하던 시간이 있었다. 버킷리스트를 만들어서 목표를 달성할 때마다 하나씩 지우는 것이 맞나? 보통 버킷리스트는 작성해서 만들어지면 목표가 달성될 때마다 하나씩 지워지는 것은 맞다. 하지만 우리 일반인들은 한 번 정해진 버킷리스트는 목표달성이 거의 되지는 않고 매년 새로 작성하지만 반복되는 버킷리스트일 것이다. 목표가 달성되지 못하고 매번 같은 목표를 설정하기 때문이다.

요즘 책을 읽으면서 알게 된 사실인데 책은 다양한 주제로 많은 책들이 발간되고 있는데 한 가지 알게 된 점은 저자의 연락처, 이메일, 블로그, 인스타, 유튜브, 네이버카페 등이 책표지 안쪽 면에 기록되어 있다는 점이다. 요즘 IT문화 인터넷, 스마트폰 등이 발달되면서 저자들도 책만 쓰는 것이 아니라 여러 분야에서 많은 활동을 하고 있기 때문이다. 그러면서 저자들은 자신이 성공하게 된 내용을 하나같이 여기저기 PR하고 있다. 요즘은 책이 전문가의 자격증이자 명함인 셈이다. 책을 읽고 동기부여가 된다면 독자에게 다양한 방법으로 연락이나 도움을 주고자 하는 것이다.

요즘 대세인 유튜브를 보아도 백과사전이라는 별명이 붙을 정도로 수많은 정보가 가득 넘친다. 코믹, 다큐가 아니더라도 수많은 유튜버가 영상으로 동기부여를 만들고 있다. 그중에 나는 〈한국책쓰기강사양성협회 – 김태광 대표〉, 〈인생라떼 권마담〉, 〈시크릿주주 주이슬〉 유튜브 채널을 보고 동기부여가 생겼다. 유튜버로 활동하지만 모두 책을 쓴 저자이기도 하다. 김태광 대표는 김도사라는 별명을 가지고 작가활동을 하면서 책 쓰기 1등 코치로 활동한다. 그는 책은 성공해서 쓰는 것이 아니라 책을 써야 성공한다고 말하고 있다. 진짜 요즘 시대의 명언이라 생각한다. 그리고 그는 '그들도 해냈으니, 나도 할 수 있다'는 강력한 동기를 제공해 준다. 그는 24년 동안 286권의 책을 기획 및 집필을 했고, 초중고 16권

교과서에 글이 수록되었고, 11년간 1,100명의 작가를 양성했다. 2022년도 1월부터 4월 초순까지만 해도 40여 명이 넘는 작가가 출판계약을 했다고 한다. 이 작가들은 유명인도 아니고 책을 원래부터 잘 쓰는 작가들도 아니었다. 각자의 소속 자리에서 건축가, 경찰, 교사, 부동산중개인, 사업가, 스튜어디스, 심리상담가, 어린이집·유치원 대표, 은행원, 간호사, 생산직, 직장인, 주부로 있던 평범한 일반인이었는데 독자에서 저자로 양성되었고, 나도 그중 한 명이다.

〈한책협〉의 김태광 대표코치 또한 시련 속에서 꿈을 이루며 큰 성공을 거두신 분이다. 그는 작가의 꿈을 이루기 위해서 힘든 상황 속에서도 매일매일 글 쓰는 일을 멈추지 않았다. 꿈을 이루어내겠다는 생각과 믿음으로 절대 포기하지 않았던 것이다. 그 결과 5년 동안 300권의 책을 집필하였고, 12년 동안 1,200명의 평범한 사람들을 3~4주 만에 작가로 만든 최고의 책 쓰기 코치가 될 수 있었다. 나는 그의 책들 가운데 『더 세븐 시크릿』, 『평범한 사람을 1개월 만에 작가로 만드는 책 쓰기 특강』, 『1년에 10권도 읽지 않던 김대리는 어떻게 1개월 만에 작가가 됐을까』를 읽고 큰 감명을 받았다. 그의 유튜브 채널 〈한국책쓰기강사양성협회 TV〉 채널에 올라와 있는 책 쓰기와 1인 창업에 관한 영상들을 보면서 신세계를 발견했다. 나처럼 평생 책을 써보지 않은 사람도 단기간에 책을 쓸 수 있겠다는 자신감과 믿음이 생겨났다.

한책협에서 진행하고 있는 책 쓰기 교육과정에 등록해서 코칭을 받았다. 그리고 믿을 수 없는 일이 일어났다. 2022년 2월 18일 책 쓰기 교육 1주 차 과정이 시작되었고, 3주 차 과정이 끝나기 무섭게 주제를 정하고, 제목과 목차를 만들고, 원고를 써서 2022년 3월 7일에 출판 계약을 한 것이다. 그것도 출판사 대표님으로부터 콘셉트와 제목, 목차, 원고가 너무 좋다는 칭찬까지 들으면서까지 말이다. 뭐라 말할 수 없을 만큼 너무나 설레고, 떨림과 기쁨, 만감이 교차하는 순간이었다. 나는 책 쓰기 교육을 받으면서 책만 쓸 수 있게 된 것이 아니다. 무엇보다 의식 변화가 가장 컸고 구체적인 꿈과 목표가 생겨났다. 앞으로 내가 가지고 있는 지식과 경험, 노하우를 어떻게 활용할지에 대해 제대로 배울 수 있었다. 김태광 코치는 "꿈을 실현해나가는 사람이 진정으로 멋있고 행복한 사람이다. 꿈이 현실이 되는 순간 그동안 부족했던 것들에 대해 몇십 배, 몇백 배로 보상받게 된다."라고 말한다. 이렇게 꿈을 이루어낸 사람들은 시련의 과정까지도 축복하며, 동기 작가들과도 힘찬 응원과 동기부여를 나눈다.

나는 김태광 대표가 저서한 내용의 책을 읽었다. 유튜브도 구독하고 책과 병행하며 영상을 보고 있다. 이들의 네이버 카페에도 가입하고 카페활동도 하고 있다. 책과 유튜브 영상, 네이버 카페를 통해 동기부여되는 좋은 내용들을 쉽게 많이 접할 수 있을 뿐 아니라, 혼자서 막막하여 시작하기 어려운 부분들을 갈증 해소해주듯 해결 방법까지도 가르쳐주고 있어 동기부여 받은 일반인들이 쉽게 찾고 자기계발할 수 있도록 많은 도움을 주고 있다. 나도 이들에게 때로는 감동도 받으며 내 마음 한구석에 있던 꿈들을 끌어낼 수 있게 동기부여를 받았다. 마음으로만 감동받고 동기부여만 받기만 하고 아무런 행동을 하지 않았더라면 지금의 나는 과거와 별 차이 없는 일반인이었을 것이다.

나도 시작이 어려웠었다. 나도 시작부터 책 쓰기의 전문가나 작가로 살아왔던 인생은 아니었다. 이 작가들이 나에게 동기부여도 해주었지만, 행동으로 옮길 수 있도록 하나하나 도와주었다. 나는 이 작가들을 나의 멘토로 삼고 따르고 있다. 그리하여 '나도 책을 내고 싶다'는 생각이 들었고, 동국제강 천장크레인 기사에서 작가로 전환할 수 있는 큰 힘이 되었다.

그래서 지금 이렇게 이 책이 만들어져 나온 결과를 맛볼 수 있게 된 것이다. 내가 단기간에 책을 써내고 출간하기까지 1등 공신은 역시 〈한책협〉의 김태광 대표이고, 〈한국석세스라이프스쿨〉의 권동희 대표와 〈한투협〉의 주이슬 대표도 내가 멋진 이 책을 잘 쓸 수 있도록 크고 많은 도움을 준 작가들이다.

이 작가들처럼 나의 태생은 흙수저이지만 자수성가하여 성공하는 삶을 살고자 작은 것 하나하나 따라 해보기로 했다. SNS에도 찾아들어가 사진과 글을 많이 참고하였다. 아직은 많이 부족한 나지만, 2022년 1월의 나와 비교해보면 2022년 3월의 나는 눈에 띄게 많이 성장하고 있다.

나는 앞으로도 나의 멘토들의 삶처럼 멋지게 살기 위해, 그들을 따라 할 것이다. 성공과 부, 행운은 끌어당김의 법칙으로 내가 만드는 것이다. 부를 이루기 위해서는 새로운 것을 만들어내는 것이 아니라, 창조적 모방을 하라고 했다. 나의 멘토들의 일상생활과 행동을 창조적 모방하면 나도 빠르게 성공하고, 빠른 변화를 볼 수 있을 것이라 믿는다.

나는 '시작이 어렵다면 그들처럼 하라'는 말을 해주고 싶다. 모든 사람이 나와 같은 공감대로 멘토가 같을 수는 없을 것이다. 자신만의 멘토를 찾아서 삼고, 생각만 가지고 부러움만 사지 말고 작은 것부터 그들처럼 따라 해보는 것은 어떨까? 작은 점들이 모여서 한 획을 긋는 선이 될 것이다. '생각한 대로 살지 않으면 사는 대로 생각하게 된다'는 말이 있다. 어느 책이든 읽고 감명 받고 동기부여가 된다면 생각을 실천으로 옮겨라. 그리하지 않으면 아무런 변화는 없을 것이다. 사람은 발전된 삶을 살아야 한다. '어차피 한 번 살다 가는 인생 천상천하 유아독존' 아니겠는가? 한 번 살다 가는 인생 멋지게 인생역전의 삶으로….

하늘 아래 새로운 것은 없다. 이 말은 창조의 본질을 잘 설명해준다. 아이작 뉴턴은 "내가 세상을 멀리 볼 수 있었던 것은 거인의 어깨에 서 있을 수 있었기 때문"이라고 말했다. 그가 말한 거인은 데카르트와 갈릴레이 같은 위대한 선구자들을 말한다. 세상을 뒤흔드는 창조물로 완전 새로운 것이 아니라는 의미다. 먼저 경험한 선배, 먼저 나온 발명품에서 배우고 자기만의 방식으로 연결할 때 비로소 창조의 씨앗이 움튼다. 아이가 어른을 흉내 내듯 배움의 시작은 일단 모방이다. 따라 할 대상을 못 찾았다면 어릴 때 읽던 위인전이라도 읽어보자. 우연한 기회는 언제나 행동하는 사람의 몫이다.

책 쓰기 ZOOM강의

08

책을 읽는 사람은 흔들리지 않는다

어느 순간부터 내 인생의 방향이 변하기 시작했다. 좋은 방향으로의 아름다운 변화였다. 그 변화의 도구는 바로 책이었다. 제대로 된 독서를 시작하면서 회사에 다니느라 몰랐던, 친구들과 어울리느라 외면했던 나의 잠재력을 배웠다. 그렇게 마음속에 꽁꽁 숨겨두었던 일들이 하나하나 실현되기 시작했다. 결국 독서만이 힘이다. 어리석음 자체를 거부한다는 측면에서 보면 독서는 일종의 혁명이다. 책을 읽는 행위는 지식과 정보 그리고 새로움을 받아들이는 것이다. 책을 읽는 사람은 독서로 인해 자신을 변화시키고 주변을 개선하며 궁극적으로는 사회와 체제의 발전을 기대한다. 내가 몰랐던 또 다른 세상을 만났고, 그 세상을 바라보고 성찰하며, 나 자신을 변화시킬 수 있었다. 책은 한 사람의 인생이 담겼거나 혹은 그 사람이 일생을 바쳐 깨달은 노하우를 집대성한 것이다. 그런데 짧게는 두세 시간, 길게는 반나절만 투자해 그것을 내 것으로 만들 수 있었다. 그러니 삶을 책으로 채우겠다는 독한 각오로 한번 실천하길 바란다. 세상에서 가장 어렵다는 나를 바꾼다. 책은 복잡한 세상에서 나를 휩쓸리지 않게 만드는 창이요 방패다. 더 이상 나는 타인의 말과 세상의 고정관념에 휘둘리지 않는다.

독서는 세상과 사물, 그리고 인간의 삶에서 의미를 포착해서 전하는 자신 및 타자와의 소통이다. 독서에서 얻는 기억과 상상의 능력은 개인을 형성하는 자원이 되며 집단적으로는 문명 발전의 원동력이 되어왔다. 책을 통해 과거의 지혜를 배울 수 있을 뿐 아니라 미래를 여는 지식도 가질 수 있다. 책은 인간에게 역사와 문화를 가능하게 했다. 책 읽기는 나를 나답게 하고 지혜롭게 하기 위한 연습이자, 창조적 실천을 위한 훈련이다. 독서량이 많은 사람은 지식을 창출하는 데 남다른 능력을 발휘할 수 있다. 그리고 지식은 그것을 창출하는 사람의 몫이다.

현대 사회나 미래사회로 갈수록 지식이나 정보는 개인직 소유의 대상이며, 부의 원천이며 나아가 인간에 대한 인식이나 판단의 기준이 된다. 지식은 능력이요 더 나아가 존재의 표상이 된다. 따라서 개인이나 사회의 최대 관심은 어떻게 효율적으로 지식을 획득, 저장, 활용하는가에 모아진다. 오늘 우리는 이 시대를 지식기반 사회라고 한다. 새로운 지식이 계속 창출되고 있음은, 자신이 기반으로 삼고 있는 지식이 항상 변할 수 있다는 것이다. 이는 인류에게는 대단한 도전이지만 개인에게는 위기라고 할 수 있다. 인터넷이 발달하면서 우리는 원하는 지식을 쉽고 빠르게 얻을 수 있다고 생각한다. 그러나 인터넷의 특성상 필요 없는 단편적인 정보가 넘쳐나게 한다. 사색과 통찰의 과정이 없으면 정보의 홍수 가운데 의미 있는 정보를 선택하고, 이런 조각난 지식을 통합하여 자신의 지혜로 발전시키는 데 한계가 있다.

이제는 컴퓨터 시대라는 말조차 지나가고 텔레퓨터의 시대라고 한다. 전화, 방송, 영상들이 컴퓨터 네트워크를 통해 유통되고 있다. 텔레퓨터는 인간의 삶을 변화시키고 있다. 그리고 언뜻 보면 세계를 넓게 하고 일상적 삶을 편리하게 해주는 것 같다. 그러나 이 열려 있는 세계의 편리함이란 실제는 실질적으로는 무의미한 것일 수 있다. 사람들의 평균적인 감성은 단지 많다는 것에는 오히려 혼란을 일으킨다. 지식의 산더미는 오히려 혼돈과 마비를 일으킬 뿐이지 대부분의 사람에게는 그것이 지혜로움과 지적인 확대를 의미하는 것은 아니다.

마이크로 소프트사의 사장인 빌 게이츠는 10년 뒤의 미래를 전망하면서 흥미 있는 말을 했다. "향후 10년 안에 네트워크는 더욱 빨라지고, 컴퓨터 프로세싱은 무어의 법칙에 따라 더욱 증가될 것이다. 그리고 데이터 저장장치는 가격이 떨어질 것이다. 반면 고해상도 스크린은 값싸고 가벼워지며 더욱 이동 가능하게 될 것이고, 휴대전화는 전력과 저장에 있어 오늘날 데스크탑 PC의 라이벌이 될 것이다. 가장 중요한 것은 이들을 모두 합쳐놓은 소프트웨어가 만들어질 것이라는 사실이다. 도래하는 검색의 시대."

향후 10년 안에 검색 아이디어는 정보나 사람들이 원하는 것을 즉시 시차와 누수 없이 사용할 수 있게 될 것이다. 그것이 영어든 독일어든 언어의 상관없이 개인이 소유할 수 있는 지식과 정보의 양은 실로 엄청날 것이다. 넓고 다양할수록 깊이는 줄어들게 마련이다. 진지하고 심각한 독서를 하는 사람들은 줄어들고 있다. 그리고 진지한 독서를 할 능력도 약화되었다. 대신 정보의 처리에만 급급할 뿐이다. 요즘 출간되는 책들이 진실이나 지혜를 담고 있는 것이 아니라 단편적인 정보를 담고 있는 실정도 이와 무관하지 않다. 진지한 독서를 할 수 있는 여유와 능력을 가진 사람은 점점 줄어들고 있다.

가장 수용하기 힘들고 가장 많은 시간을 요구하는, 가장 오래된 미디어인 책과 독서는 지금 밀려나고 있다는 것을 부정할 수 없다. 태어나면서부터 영상과 전자매체에 익숙해져 있는 지금의 세대에게 활자와 문자매체는 더 이상 예전과 같은 호소력이 없어진 것은 사실이다. 그 결과 우리는 지금 세대 간 단절이 가장 극심한 시대에 살고 있는지도 모른다.

런던대학의 연구 결과에 따르면, 영국국립도서관과 영국교육컨소시엄

이 운영하고 있는 두 개의 유명사이트를 찾는 방문자들이 정독을 하지 않고 훑어보기를 한다는 것이다. 사람들은 전통적인 의미의 정독을 피하고 있으며 대신 한두 페이지를 훑어보는 것에 만족하기 위해 온라인에 접속하는 것 같다는 주장이다. 그리고 작가인 마리안느 울프는 인터넷에 접속한 인간의 뇌가 점차 독서의 관심에서 멀어짐으로 인간의 심오한 영감이 퇴색하고 있다고 말한다. 그녀는 우리가 독서를 통해 얻는 내용과 방법은 대체로 사고방식에 대해 많은 영향력을 끼치는 데 비해 인터넷은 깊이 사고하고, 문장을 해석하고, 진정한 배움으로 이끄는 풍부한 정신적 연관 능력을 약화시킨다고 주장한다.

독서는 지식을, 나아가서 지혜로 바꾸는 데 체계적인 훈련을 할 수 있는 방법이다. 책 한 권을 읽으며 얻을 수 있는 정보나 지식의 분량보다 독서를 하는 동안 일어나는 사고의 과정이 정보 독해력을 높이는 결정적인 역할을 하게 된다. 책을 통해 많은 시간을 투자해야 하는 독서가 비록 느릴지라도 한 개인을 역사와 문화의 중심에 남아 있을 수 있도록 훈련하는 가장 빠른 길이라고 할 수 있다.

인간, 인생은 유한자로서 시공을 통하여 그 삶이 영위된다. 인류학에 의하여 역사적 문화적 존재로서 문자로 기록된 책의 시초는 억겁의 우주적 시공에서 5,000년을 밑돌고 있다. 인생은 너무 짧고, 인간은 너무 작은 존재이다. 人生七十古來稀(인생칠십고래희)는 옛말이나 그 수명이 고령화 시대에도 80이 그 한계점이다. 그 짧고 작은 찰나의 인생 그 유한성을 극복하여 주는 인류의 문화유산 중 가장 위대한 것이 바로 책이다. 책이야 말로 시공을 넘고 생명을 넘어 생명으로 길이 전하여줄 불후의 노작으로서 유한한 인생을 영원한 것으로 승화시키는 것이다. 이러한 책을 읽고 가까이하여야 할 인간의 세속적 삶은 여하한가. 잠자는 시간, 휴식과 오락, 생계를 위한 근무나 노동, 사고나 질병으로 인한 치료 기간, 쾌락과 종족보존을 위한 사랑과 연애 등등을 제한다면 고요한 독서의 시간은 얼마나 될까. 더구나 현대문명, 너무도 복잡한 삶의 조건 속에서 잡사와 온갖 미디어에 의한 생활 영역의 잠식은 독서량의 빈곤을 초래하고 있다. 고전은 도서관이나 창고에서 먼지 끼고 신서는 흥미본위의 악서로 전락할 위기에 있다. 이러한 독서의 상실이 인간 상실로 직결되어 책 읽지 않는 시대로 전락하고 있다.

만약 당신이 지금까지 살아왔던 대로 살기로 마음먹었다면 책을 읽지 않아도 괜찮다. 그러나 어제보다 조금이라도 나아진 모습으로 살고 싶다면, 단단한 내공을 쌓아 삶의 어떤 위기에도 흔들리고 싶지 않다면 반드시 책을 읽어야 한다. 왜냐하면 아무리 열심히 산다고 해도 우리가 경험하고 배울 수 있는 지식과 경험은 한정되어 있어서 습관적으로 반복하는 생각과 행동에서 벗어나 비판적으로 생각하고 창의적인 결과물을 만들어내기란 쉽지 않기 때문이다. 책은 내가 길을 잃은 것 같은 충격과 상실감에 시달릴 때 인생에 대한 희망을 놓지 않고 진지하게 삶을 바라볼 수 있도록 이끌어주었다. 독서와, 학습을 권하는 이런 종류의 책들도 일종의 자기계발서이다. 나태해지고, 나약해질 때, 자기 자신을 채찍질하는 용도로 자기계발서를 한 번씩 집어 드는 것도 나쁘지 않은 선택이라고 생각한다.

어제보다 조금이라도 나아진 모습으로 살고 싶다면,
단단한 내공을 쌓아 삶의 어떤 위기에도 흔들리고 싶지 않다면
반드시 책을 읽어라.

4장

책에서
읽은 것을 깨닫고
삶에 적용하라

책을 읽는 삶이 행복하다

긍정심리학에 의하면 행복한 삶은 삶의 3가지 측면을 지니고 있다고 한다. 첫째, 즐거운 삶이다. 즐거운 삶은 일종의 기술이고 경험이다. 즐거운 경험을 자주 하고 즐거운 경험을 잘할 수 있는 사람들은 일생을 살면서 긍정적인 경험을 더 자주하고 따라서 행복해질 수 있는 가능성을 더 크게 가진다. 하지만 우리의 삶은 행복을 위해 단순히 즐겁고 긍정적인 정서 이상의 무엇을 요구한다. 게다가 즐거운 삶은 중요한 제한점이 있다. 즐거움을 경험할 수 있는 능력은 상당 부분 유전적이라는 것이다. 즉, 낙천적인 부모에게서 낙천적인 자식이 출생할 확률이 그리고 즐거움

을 잘 느끼지 못하는 사람은 비슷한 성격의 자식을 낳을 확률이 상대적
으로 더 높다는 것이다. 다소 억울한 이야기이다. 또한 즐거움은 곧 '익
숙'이라는 것에 빠지고 만다. 어떤 대상에 대해 즐거움을 느끼더라도 그
대상을 자주 경험하게 되면 즐거움은 점차적으로 감소한다. 첫 키스 혹
은 새로운 아이스크림의 달콤함이 계속되지 않는 이유다. 즉, 우리는 행
복한 삶을 위해 중요한 삶의 방식이 더 필요하다.

　그중 하나가 관여하는 삶이다. 관여(engagement)란 무엇인가? 어떤
대상이나 일 혹은 사건에 몰입하는 것을 의미한다. 그런데 우리는 무언
가에 몰입(flow)할 때 시간이 멈춤을 느낀다. 너무나도 재미있는 게임을
하거나 진심으로 좋아하는 이성과의 첫 데이트를 위해 보낸 몇 시간은
일상생활에서의 몇 분보다도 더 짧게 느껴지는 것이 바로 몰입하기 때문
이다. 이런 몰입을 경험한 사람은 지루함과 좌절이 아닌 생동감과 활력
을 선물로 받는다. 그리고 단순히 즐거운 것이 아니라 도전과 기술의 향
상을 위한 동기를 지니게 된다. 삶은 더욱 좋은 방향으로 나아갈 수 있다
는 것이다. 몰입이론의 출발점인 칙센트 미하이 교수에 의하면 몰입의
경험을 풍부하고 다양하게 하는 것이야말로 행복함을 넘어서서 훌륭한
삶이 된다.

　행복한 삶을 만들어주는 또 다른 것이 하나 있다. 바로 의미 있는 삶이
다. 의미 있는 삶은 자신만의 강점을 인식한 뒤 그 강점을 사용하여 자신
보다 더 큰 무엇인가에 속해 봉사하는 것을 말한다. 물론 그 봉사를 통해

긍정적인 감정을 얻는 것은 당연한 수순이다. 인생의 중간 중간마다 우리는 자신의 삶을 돌아본다. 그리고 남을 위해 살아본 경험이 거의 없음을 느낄 때마다 자신이 이룬 성취에도 불구하고 아쉬움을 느끼곤 한다. 왜일까? 한 사람의 인간으로 태어나서 자신만을 위해 산다는 것은 '보람'이라는 느낌을 가지기 힘들게 하기 때문이다. 버스나 지하철에서 자리를 양보하고 받은 잠시지만 감사의 눈인사, 자원봉사로 흘린 땀을 닦으면서 건네받은 시원한 냉수 한잔 등 크고 작고를 떠나서 내가 남을 위해 한 배려의 양과 질을 기억하는 순간 '아, 나도 꽤 괜찮은 사람이구나.'라는 느낌을 경험할 수 있다. 이게 행복이 아니고 무엇이란 말인가.

즐거움, 만족, 행복감의 대부분은 긍정적 정서들일 것이다. 그리고 불안, 공포, 긴장감 등과 같은 느낌들은 부정적 정서일 것이다. 뇌에는 감정과 정서를 담당하고 있는 다양한 영역이 존재한다. 그런데 부정적 정서를 담당하고 있는 편도체(amygdala), 시상하부(hypothalamus) 등은 대뇌피질보다 상대적으로 더 내부에 있는 구조물이다. 우리의 뇌는 일반적으로 내부와 중심으로 들어갈수록 본능, 즉 타고난 것들과 관련이 있다. 그리고 가장 바깥쪽에 있는 대뇌피질을 향해 갈수록 후천적이며 해석이 필요한 내용과 관련이 있다. 100% 정확한 것은 아니지만 일반적으로 부정적 정서를 담당하는 뇌 구조물들은 안쪽에, 그리고 긍정적 정서를 담당하는 뇌 구조물들은 상대적으로 더 바깥쪽에 분포하고 있다. 이는 무엇을 의미하는 걸까? 긍정적인 무언가를 느끼기 위해서는 우리의 후천적인 노력이 필요하다는 것이다. 다시 말하자면 공포나 불안은 우리가 크게 노력하지 않아도 쉽게 경험할 수 있는, '주어지는 것'이지만 행복과 기쁨은 우리가 그 느낌들을 향해 많은 노력을 해야만 하는 '가지는 것'이라는 것이다. 그런데도 우리는 노력을 하기보다는 상황과 타인이 나를 행복하게 만들어주기를 기다린다. 그 행복은 나 자신에 의해서만 가능한데도 말이다. Martin Seligman 교수는 앞의 3가지 길을 향해 더 가까워지려는 기술을 지니려 나 자신이 스스로 노력해야만 행복한 삶이 가능하다고 힘을 주어 이야기하고 있다.

우리나라 대한민국은 어느 사회보다 스트레스가 많은 사회다. 특히 직장과 업무에서 오는 스트레스는 어느 스트레스보다 심각하다. 획일적인 조직문화와 수직적인 인간관계, 과도한 경쟁, 성과중심주의, 과중한 업무, 고용 불안정 등 근로자를 힘들게 하는 요건은 가득하다. 직장 내의 스트레스를 줄이는 것은 개인의 행복을 넘어서 기업의 성공과 사회의 건강으로 이어진다. 행복한 기분과 행복한 삶은 다르다. 행복에 대한 오해, 그것은 행복한 기분과 행복한 삶을 구별하지 못하는 것에서 비롯된다. 행복한 기분을 느끼는 활동과 행복한 삶을 구성하는 활동은 다를 수 있다.

행복은 오가는 마음의 상태지만, 어떤 사람들은 항상 행복해 보인다. 그들이 목표를 이루거나 인생을 충만하게 살고 있기 때문일까? 사실, 행복한 사람들은 기쁨을 느끼기 때문에 그렇게 보인다. 그들의 기쁨이 좋은 일을 불러들여 마음의 상태에도 영향을 미치는 것이다. 행복한 사람들의 비결은 무엇일까? 행복은 관점의 변화이다. 이는 상황을 어떻게 보느냐에 따라, 무엇에 집중하느냐에 따라 달라진다. 행복은 또한 습관이다. 따라서 고난의 시기에도 행복한 사람들은 다르게 행동한다. 행복은 아마 세상에서 가장 많은 사람이 쫓는 목표일 것이다. 사실 많은 사람들이 행복에 잘못된 의미를 부여하기 때문에, 그들에게 행복은 인생의 목표일 수 있다. 이는 특히 행복이 내면에서 온다고 믿지 않고 물질적인 것과 연관 지을 때 나타난다.

우선 직업과, 직장과, 나를 분리할 것을 권한다. 많은 이들이 직업과 자신을 동일시한다. 그 동일성이 너무 강하면 직업으로 인해 받는 스트레스가 더욱 커진다. 직업이 좋은 사람일수록 자신을 직업과 동일시하는 경향이 커진다. 그리고 직업에서 얻는 성과와 좌절에 크게 영향을 받는다. 그러나 이는 직장생활을 잘하기 위해서도 결코 좋은 방식이 아니다. 내가 우리 회사 직원들을 대상으로 조사한 결과에 따르면 제대로 휴식을 취하지 않고 업무에 매달리는 이들보다, 퇴근 후에 제대로 쉬고 자신의 시간을 가지는 이들이 업무에 대한 집중력이 더욱 뛰어나다고 생각한다. 직원들의 여가시간에 등산, 낚시, 둘레길 산책, 게임, 모임 등을 한다는 의견을 주었는데 여가활동을 하는 이들에게서도 스트레스가 심심치 않게 발생하는 것을 알 수 있었다.

등산, 낚시, 산책을 하는 직원은 날씨의 영향을 많이 받아 계획대로 되지 않을 때가 많아서 투덜투덜할 때가 많았고, 게임은 다음 스테이지를 넘어가지 못하거나 게임오버가 될 때 스트레스를 오히려 되로 주고 덜어내려다가 말로 받는 것을 확인했다. 성과 지향의 우리나라는 성공을 위해 일에 모든 것을 다 거는 태도를 권장해왔다. 어쩌면 그런 태도는 성공을 위한 가장 좋은 방식일지도 모른다. 그러나 그렇게 해서 쌓아 올린 성공이 행복한 것인지, 행복하다고 해도 내가 원하는 행복인지는 생각해볼 문제다.

나는 많은 사람들에게 독서하기를 권하고 싶다. 책은 스트레스도 풀어주고 혈압도 낮추어주어 신체 건강을 더 도와준다. 또한 독서는 나의 성찰을 할 수 있게 해주어 내면을 성장시킬 수 있어서 물질적인 행복감보다 내면의 행복을 찾을 수 있다. 날씨의 영향을 받을 필요도 없다. 비가 비 오면 오는 대로, 눈이 오면 눈 오는 대로, 더우면 시원한 곳으로, 추우면 따뜻한 곳으로, 책이 넘치는 도서관을 찾거나, 집이나 딱딱한 분위기의 도서관이 싫으면, 잔잔한 음악과 커피가 있는 전망이 좋은 카페에서 독서해보기를 권한다. 무엇이든지 처음이 어렵지, 처음이라는 어려움을 극복하고 나면 책을 읽는 삶이 행복하다는 것을 느낄 것이다. 낭만 있는 카페에 앉아 책을 읽는 사람을 보면 멋있지 않은가? 그 행복과 멋있음을 당신도 누릴 수 있다. 태도를 바꾸고 행복해져라. 당신이 바꿀 수 없는 일은 너무나 많지만, 당신의 관점은 바꿀 수 있다. 행복은 찾는 것이 아니지만, 찾는 과정에서 보상을 받을 수 있다. 당신이 오늘 당장 행복해질 준비가 되지 않았다면, 행복은 문 앞에서 기다리고 있지 않을 것이다. 행복은 선택이다. 행복은 모든 것을 바꾸는 태도이다. 어떤 행복이 주변에 있든 행복해지는 것은 자기 자신에게 달려 있다. 일어난 일이 어떤 식으로 당신에게 영향을 미칠지 결정할 가장 강력한 권한을 가진 사람은 바로 자기 자신이기 때문이다.

독서에 대한 생각부터 바꿔라

독서에 대한 생각? 내가 어린 시절 부모님이 그렇게 책을 읽으라고 하신 이유를 잘 몰랐다. 내 나이 만 37세가 되어서야 왜 책을 읽어야 하는지 조금은 알 것 같다. 책은 우리가 원하는 것들을 이룰 수 있는 방향을 제시해주고, 경험하지 못한 것들을 간접적으로 경험하게 해준다. 유명한 지식인, 정치가, 명언가들의 공통점은 항상 책을 가까이했다는 것이다. 대한민국은 세계적으로 독서를 하지 않는 민족으로 유명하다. 1년간 한 권의 책도 읽지 않는 사람이 많다고 한다. 국민들은 근면 성실하게 일상을 살아가지만 책을 읽는 사람은 손으로 꼽을 정도라는 말이다. 그런데 책을 읽어서 깨달음을 얻은 사람들의 강연이나 강의는 서로 들으려고 한다. 결국 책에 다 있는 것을 비용을 써가며 그들에게 듣는 것으로 위안을 삼는다.

독서량은 크게 중요치 않고 어떤 책이든 한 권을 제대로 정독하고 익힘으로써 내면의 성장을 이끌어내야 한다고 생각한다. 수십 개의 책을 빠르게 헤쳐 읽어도 그 책들의 내용이나 줄거리, 혹은 핵심 사상이 머릿속에 존재하지 않는다면 독서를 한 것이 아니고 그저 책을 구경한 것에 불과하다. 사상과 관련된 책, 혹은 다양한 인물들이 등장하여 갈등을 다루는 소설 등 전자는 그 사상을 속으로 깊이 있게 궁리하고 이해해야 하며 후자는 줄거리와 인과 관계에 대해 알아야 한다. 결국, 내면의 자아가 깨어나기 시작하면 세상의 이치에 대한 궁금증과 진리에 대해 좀 더 다가가고자 책을 더 읽게 되기 때문에 독서량은 결국 세월이 지남에 따라 자연스레 쌓이기 마련이다. 책을 읽을 때, 먼저 독서량에 대해 신경 쓸 필요 없고 생각할 수 있는 실력을 기르는 것이 좀 더 낫다고 생각한다.

제대로 독서하기 위해서는 잘못된 생각에서부터 벗어나야 한다. 독서에 대한 잘못된 생각은 책을 읽어도 변하지 않는 이유 중 하나다. 또한 독서에 대한 오해를 바로잡으면 시행착오의 기간을 줄일 수 있다. 내 주변에는 독서를 하는 사람이 없었기 때문에 혼자 책을 읽는 시간이 많았다. 그래서 많은 어려움을 겪었다. 그리고 나뿐만이 아니라 주변 사람들도 그런 것 같다. 여러 독서모임을 참여해보고 인터넷에서 서평을 올리는 사람들을 보면 알 수 있다. 독서의 어려움은 여러 가지가 있다. 독서 습관을 만들지 못하는 점, 열심히 읽고는 있지만 흥미를 느끼지 못하는 점, 시간이 없어서 독서를 못하는 점 등 외에도 다양하게 나타난다. 이러한 시행착오는 책에 대한 흥미를 떨어뜨리게 되고 변화하려고 했던 모습도 다시 사라지게 만든다. 그렇다면 독서에 대한 오해는 무엇이 있을까?

하나, 끝까지 읽어야 한다는 오해. 독서를 결심하고 서점에서 책을 샀다고 하면 돈을 투자했으니 책을 다 읽고 투자한 만큼 이상의 가치를 얻고 싶은 마음이 생길 것이다. 하지만 책의 내용이 어렵거나 자기가 생각했던 내용이 아닐 수도 있다. 여기서 문제가 발생한다. 이미 그 책에 대한 거부감이 들었는데 다 읽어야 한다는 생각이 강하게 남아 있는 것이다.

이런 상황에서 책을 억지로 읽는 것이 좋은 선택일까? 나는 그렇게 생각하지 않는다. TV 볼 때를 생각해보자. 우리는 드라마, 예능을 볼 때 재미가 있다면 끝까지 보지만 재미가 없으면 채널을 돌려버린다. 게임을 할 때도 마찬가지다. 재밌으면 광고가 나와도 계속하지만 재미가 없으면 지워버린다.

독서를 할 때도 다르지 않다. 만약 재미가 없다면 그냥 덮어버리고 다른 책을 읽으면 된다. 책값이 아깝다고 해도 이미 구매한 책은 어쩔 수 없는 것이고 다른 책을 찾아서 읽으면 된다. 그래서 나는 도서관에서 책을 먼저 읽어보고 다시 읽어볼 만한 책이라면 서점에 가서 구매를 한다. 책을 억지로 끝까지 다 읽어야 한다는 생각은 잘못된 생각이다.

　둘, 책에는 난이도가 있다. 사람들은 책에 난이도가 있다는 생각은 잘 하지 않는 것 같다. 하지만 모든 책은 난이도가 있다. 읽기 어려운 책도 있고 쉬운 책도 있다. 책에 나오는 용어가 어려운 경우도 있지만 그것보다 더 크게 영향을 받는 것은 배경지식이다. 배경지식은 어떤 글을 읽을 때 바탕이 되는 지식을 말한다. 직접 겪은 경험과 간접적으로 배운 지식도 포함된다. 사람마다 가지고 있는 배경지식은 다르다. 배경지식의 종류도 다르고 깊이도 다르기 때문에 만약 자신이 잘 모르는 분야의 책을 골라서 읽는다면 어렵게 느껴지는 것이 당연하다. 그래서 나는 처음 독서를 시작하는 사람들에게 쉬운 책을 먼저 읽으라고 한다. 만화책을 읽어도 좋다. 쉬운 책을 한 권씩 읽다 보면 그와 관련된 주제이면서 조금 더 깊은 내용을 담고 있는 책도 쉽게 느껴지게 된다. 그리고 자연스럽게 다른 분야에도 호기심이 생기게 된다. 책에는 많은 내용이 담겨 있기 때문에 딱 한 가지 분야만 소개되어 있지는 않다. 어려운 책을 고집할 필요는 없다.

　셋, 많이 읽어야 한다. 이 오해도 독서에 대한 욕심에서 생기는 오해이다. 자신이 아직 책과 익숙하지 않은 사람인데 많이 읽어야 할 것 같은 생각이 드는 것이다. 하지만 인정해야 한다. 독서를 잘하는 사람이었다면 독서에 대한 어려움이 없었을 것이다. 지금 내가 쓰고 있는 이 책도 읽지 않았을 것이다. 자신이 독서를 아직 잘하지 못하는 사람이라는 것을 인정하고, 욕심을 버리고, 조금씩 읽는 것이 좋겠다.

넷, 책을 읽으면 빠르게 변화할 수 있다. 모든 것을 다 할 수 있을 것 같은 자신감은 좋다. 하지만 그것이 지속되지 않고 다시 이전의 나로 돌아온다면 어떻게 될까? 좌절감만 생길 뿐이다. 나는 차라리 독서하지 않는 것이 낫다고 본다.

이것 역시 갑자기 변하고 싶은 마음에서 생기는 상황이다. 나는 이러한 자신감에 많이 속았다. 한 권의 책을 다 읽고 머리에는 자신감이 가득 찼는데 몸이 반응하지 않는 것이었다. 그럴 때마다 나는 나 자신을 냉철하게 바라보는 연습을 했다. 자신감을 굳이 없앨 필요는 없고 현재의 자신을 인정하면서 현실적인 나의 모습을 분석하는 것이다. 냉철하게 분석하다 보면 자신의 수준을 알게 된다. 단지 책 한 권을 읽었다는 사실 이외에는 변한 것이 없으며 성장의 사고방식이 아직 자리 잡지 않았다는 사실을 깨닫게 된다. 이렇게 자신이 그리는 이상적인 모습과 현실의 차이점을 인정하다 보면 앞으로 나아가야 할 길이 보이기 시작하고 그 간극을 줄이기 위한 방법도 보이기 시작한다.

그리고 다시 초심으로 돌아가 독서를 시작한다. 독서량이 많을수록 더 많이 변한다는 사실은 변함없다. 그리고 이 글을 읽는 당신은 아마 독서의 중요성은 충분히 알고 있을 거라 생각한다. 천천히 시작해서 꾸준히 가는 것이 좋다. 자신감을 굳이 없애지는 말고 과도한 자신감을 살짝 경계해보자.

독서는 심신을 수양하고 교양을 넓히기 위하여 책을 읽는 행위를 말한다. 글을 읽는다는 것은 텍스트의 의미를 해석하는 것이다. 우리는 독서 과정에서 스스로 결과물을 만들어낸다. 논리적인 글을 읽으면서 논리적으로 사고할 수 있는 힘을 배우며, 정서적인 글을 통해서 인간과 삶의 다양한 모습을 이해할 수 있다. 따라서 독서는 문자 언어를 통해 의미를 구성하는 과정이다. 글에 담긴 정보를 이해하고 의미를 구성한다는 것은 글 속에 숨겨진 작가의 의도까지 파악하여 해석하고 감상한다는 말이다. 따라서 독서는 저자와 독자 사이에 성립하는 의사소통 행위라 할 수 있다.

이러하듯 책을 끝까지 읽어야 한다는 편견, 힘들다고 생각하거나 많이 읽어야 한다는 나쁜 편견을 버리고 자신의 심신수양을 위해, 저자와 의사소통을 하기 위해 하루 10분씩, 한 단원씩 읽으면서 적응시키고 점차 조금씩 독서량을 늘려나가라고 전하고 싶다. 그러기 위해서는 무엇보다 제일 중요한 것은 독서에 대한 생각을 바꿔야 한다.

03

오로지 읽은 것만 나에게 남았다

우선 독서가 어떤 뜻을 가지고 있는지 국어사전을 찾아보았다. 정확하게 네 글자가 적혀 있었다. '책을 읽음.' 살짝 당혹스러운 국어사전의 풀이가 아닐 수 없다. '읽다'라는 동사에는 2가지 의미가 내포되어 있다. 단순히 입으로 소리 내어 읽는 행위가 그 첫 번째이고, 문자를 소리 없이 눈으로만 보아도 읽는다는 행위가 성립하게 된다. 대부분의 사람이 소리 없이 눈으로만 책을 읽는 행위를 많이 할 것이라 여긴다. 이것을 묵독(Silent Reading)이라고 하는데 음독과는 반대되는 독서라 할 수 있다. 독서모임이나 강의 때 여러 사람들 앞에서 책을 읽어보았던 경험이 있을 것이다. 그때의 읽기 방법은 음독 또는 낭독이라고 한다.

읽는다는 것. 연초에 많이 하는 다짐 중에 '독서 00권'이 있다. 다독은 자랑이고 스펙이 된다. 학교에서 책을 많이 읽는 학생을 '다독왕'으로 시상도 한다. 책 1만 권 독서를 앞세워 자신의 글과 강연을 홍보하는 사람들도 있다. 국민의 40%가 1년에 책을 한 권도 읽지 않는 현실이다. 학생과 대중을 대상으로 우선 읽게 하고 많이 읽는 것을 권하고 싶다.

독서의 좋은 점을 줄줄이 열거하라면 A4용지 열 장을 채우고도 남을 만큼, 독서의 효용은 무궁무진하다. 누군가에게는 즐거움을 가져다주는 좋은 취미가 되어주기도 하고, 또 누군가에게는 삶을 송두리째 바꿀 수 있는 지식과 통찰을 선물해주기도 한다. 이제는 단순 취미를 넘어 자기계발의 대표적인 것으로, 여러 사람에게 성장과 발전의 기회를 가져다주는 독서, 하지만 어떤 사람은 이런 의문이 들 수도 있겠다.

'독서가 좋은 것은 알겠는데 읽어도 남는 것이 없는 것 같아. 일주일만 지나도 다 잊어버려. 읽어도 내 인생이 크게 바뀌지도 않는 것 같아. 독서를 통해 자신의 삶을 멋지게 변화시킨 사람들이 많던데, 왜 나는 그럴 수 없는 걸까? 나에게 무슨 문제가 있는 걸까?' 솔직히 고백하자면, 내가 그랬다. 책을 읽어도 머릿속에 남는 것이 없는 것 같고, 책의 마지막 페이지를 덮은 지 일주일만 지나도 내용이 가물가물했다. 명저라고 불리는 책을 사서 읽었지만, 내 삶에 큰 도움이 되지 않는 것 같다. 책이 문제였을까. 책을 읽는 내가 문제였을까.

세상에 책을 읽는 사람들은 많지만, 모두가 독서를 통해 자신의 삶에서 성장과 발전을 이루는 것은 아니다. 책을 읽는 사람 중에서도 소수의 사람이 책을 통해 위대한 성취로 나아간다. 과거 조선 시대에도 마찬가지였다. 책을 읽는 수많은 선비와 양반 그리고 왕이 있었지만, 그중 뛰어난 학식과 견문을 갖추고 오랫동안 존경받는 사람은 드물다. 그 이유가 대부분 사람이 책을 읽는 방법을 모르기 때문일까? 개인적으로 나는 그렇게 생각하지 않는다. 한 권의 좋은 책을 온전히 이해하고 소화할 때까지 반복해서 여러 번 읽기, 온 신경을 집중하고 몰입해서 읽기, 선입견을 배제하며 읽기, 글쓴이의 마음을 헤아리며 읽기, 요약하며 읽기, 중요한 부분을 발췌하며 읽기, 깊이 생각하고 음미하며 읽기, 내 삶에 어떻게 적용할 수 있을지 고민하며 읽기, 의문을 품고 치열하게 토론하며 읽기, 다양한 분야의 책을 골고루 읽기 등. 좋은 독서법은 지극히 당연하고 상식적이다.

특히 과거와 달리 인터넷의 발달로 정보의 공유가 빠르게 일어나는 요즘 같은 시대에는 인터넷에 '독서법'이라는 키워드로 검색만 해봐도 쉽게 알 수 있는 것들이며, 이미 독서법에 관한 수많은 책들이 시중에 나와 있다. 그렇기에 좋은 독서법을 몰라서, 독서를 제대로 하지 못했다고 말하기에는 조금 어렵지 않을까 생각한다. 좋은 독서법을 알고 있다 하더라도 직접 실천하지 않으면 의미가 없다. 귀찮고 힘들다는 이유로 책을 대충 읽다 보면 맹목적으로 빠져서 읽기도 하고, 혹은 책의 내용을 제대로 이해하지 못한 채로 마지막 장을 덮게 된다. 또한, 다른 목적과 의도로 욕심을 내면서 읽기 때문에 우리의 삶을 성장시키고 변화시키는 독서로 나아가기 어려웠던 것이 아닐까. 결국, 독서의 질적인 차이를 만드는 관건은 책을 읽을 때 얼마나 정성과 마음을 쏟는가에 달려 있다고 생각한다.

一日不讀書口中生荊棘(일일부독서구중생형극)
하루라도 글을 읽지 않으면 입안에 가시가 돋는다.

1910년 뤼순감옥에서 순국하시기 전 유묵으로 쓴 안중근 의사의 명언이다. 안중근 의사는 분명히 글 읽기를 소리 내어 읽는 방식으로 인식하고 있다. 안중근 의사의 이 명언은 학습에 대한 갈망과 정진을 강조하는 짧지만 강력한 의미를 부여하는 내용이다. 순국하시기 전까지 나라를 생각하신 깊은 뜻이 느껴지고 대한민국 국민이 무지하지 않는 것만이 일본의 식민지하에서 벗어날 수 있는 일이라는 것을 아셨을 것이라 생각된다. 그만큼 독서는 인간이 할 수 있는 최고의 창의적 활동이며, 묵독보다는 음독이 효과적인 방법임에 틀림없어 보인다. 나도 이 유명한 글귀에 대해 100% 공감한다. 그렇게 독서하기 위해 부단히 노력을 하고 있다. 비록 소리 내어 읽는 행동은 독서 속도를 현저하게 느려지게 하지만 책의 내용을 머릿속 깊이 각인시키기에는 둘도 없는 최고의 방법이다.

독서는 또 특별한 의미를 가지고 있다. 지구상에 존재하는 어떠한 유기체도 독서라는 행위를 할 수 없다. 오직 인간만이 글을 읽을 수 있다는 것 자체가 축복이다. 동물들도 개체 특유의 의사전달 방식은 존재하지만 매우 원시적인 방식이며 간단한 전달 체계에 불과하다. 그러나 인간은 읽기, 쓰기, 말하기를 통해 무궁무진한 생각을 다른 사람에게 전달할 수 있다. 어찌 보면 책, 편지, 신문, 심지어는 스마트폰 속에 수많은 정보도 모두 텍스트로 이루어져 있고 우리는 그것에 24시간 노출되어 있다고 해도 과언이 아니다. 다만 그런 정보를 선별하여 자신에게 맞는 유익한 정보를 습득하는 것이 바람직한 독서의 과정이라고 생각한다.

위에서도 말했듯 요즘 주위를 보면 1년에 단 한 권의 책도 읽지 않는 사람들이 너무나도 많다. 그런 사람들은 나름의 변명을 하면서 책을 통한 독서를 자발적으로 포기한다. 그 변명들은 다양하다. '책 읽을 시간이 없다.' '책을 읽어도 남는 것이 없어서 안 한다.' '책이 너무 비싸다.' '학교에서 공부 많이 했는데 또 해?' '책은 너무 잠 온다.' '눈이 침침해서 책을 못 읽는다.' 등등 너무도 많은 변명거리로 독서를 미루고 있다. 인간이 독서를 포기한다는 것은 인간만이 할 수 있는 행위를 포기한다는 뜻과도 같다. 그러므로 독서는 선택이 아니라 필수이다.

책은 내가 가진 독서 태도와 마음가짐을 깊이 성찰하게 만든다. '나는 얼마나 책을 대충 읽고 있었나' 하는 생각이 저절로 들게 한다. 좋은 책은 여러 번 반복해서 읽으면 좋다는 것을 당연히 알고 있다. 독서를 할 때는 대충 읽어서는 안 되며, 항상 의문을 품고 탐구하는 자세로 읽는 것이 좋다는 것도 알고 있다. 독서 후에는 중요한 부분을 발췌하고 직접 나의 생각으로 요약해보는 것이 좋다는 것도 알고 있다. 그런데 왜 나는 직접 실천하지 않았을까. 독서를 통해서 나의 삶을 더 나은 방향으로 개척하기를 바라면서, 그만한 정성은 쏟지 않았다. 그저 책에 담긴 지식과 통찰이 빨리 내 것이 되기만을 바랐다.

책을 읽어도 남는 것이 없다고 느껴졌던 근본적인 이유는 결국 나에게 있었다. 겨우 한 번 읽고 책 내용이 머릿속에 오래 남길 바라는 것 자체가 애초에 욕심이었다. 옛날 뛰어난 선비들도 수백 수천 번을 다시 읽었으며, 읽은 내용을 요약하기도 하고, 열띤 토론의 장을 열기도 하고, 세세한 내용까지 깊게 탐구하면서 읽기도 하였다. 이런 노력이 있었기에 자신과 세상을 바꾸는 훌륭한 독서로 나아갈 수 있었다. 한 권을 읽더라도 온 마음의 정성을 담아 읽는 것이다. 당연히 독서의 질이 차이가 날 수밖에 없다. 무언가 남는 독서를 하고 싶다면, 답은 간단하다. 그만큼 더 정성을 쏟으면 될 일이다.

무의식적인 습관 의식적으로 바꾸기

자신도 모르게 손톱을 물어뜯어 볼품없는 손톱이 되어버린다든지, 입술을 물어뜯어 1년 365일 입술이 부르튼다면 당신은 무의식적인 나쁜 습관을 가지고 있는 것일지도 모른다. 나도 모르게 몸에 배어버린 나쁜 습관으로 인해 외적, 건강적인 문제를 겪고 있는 사람들은 꽤 많다. TV를 가까이에서 시청하는 습관으로 인해 시력이 저하되기도 하고, 이어폰으로 음악을 크게 듣는 습관으로 인해 청력이 나빠지기도 한다. 이와 같이 일상생활에서 흔히 발견할 수 있는 나쁜 습관들은 습관을 가진 사람이 문제를 인식하고 있고, 그 문제가 가져오는 부정적인 결과를 알고 있음에도 불구하고 쉽게 고쳐지지 않는다. 그 이유는 습관이 가지고 있는 '무의식' 때문이다. 무의식중에 일어나는 나쁜 행동은 행동을 인지하기 전 이미 발생되고 인지를 하기도 어렵다. 인지와 의지의 부족으로 습관을 고치기 어렵다면, 도구의 힘을 빌려서 나쁜 습관을 올바르게 잡을 수 있지 않을까?

한번 굳어진 습관은 세 살에서 여든까지의 세월이 흐를 만큼 고쳐지기가 쉽지 않다. 작고 사소한 습관은 모이고 쌓여 건강을 해치는 요인으로 부메랑처럼 돌아온다. 부정적인 결과가 나타난 후에야 후회를 하고 되돌리기 위해 안간힘을 쓰는 것보다 더 심각하고 무서운 결과를 가져오기 전에 미리 예방하고 고칠 수 있다면 얼마나 좋겠는가. 하지만 습관은 사람의 의지만으로 고치기 힘든 것이 사실이다. 따라서 사소하지만 고치기 힘든 무의식적인 습관을 고치기 위해 습관을 올바르게 교정시켜주는 도구가 습관에 들어오기 시작했다. 습관을 고치는 교정도구는 우리의 일상 곳곳에서 습관과 함께 찾아볼 수 있다. 잘못된 젓가락 습관을 고치기 위해 사용되는 젓가락 교정 키트, 잠을 잘 때 이를 가는 습관을 고치기 위해 사용되는 치아 키트 등의 교정도구는 점차 작고 사소한 습관까지 교정할 수 있도록 발전되어 다양한 사람의 다양한 습관을 고쳐나가기 시작했다.

그러나 이러한 교정도구들은 '도구를 통해 습관을 고치는 중'이라는 직접적인 노출과 '도구를 통해 습관을 고치는 데 필요로 하는 상당한 시간과 노력'이라는 2가지 특징을 보이며 소비의 확장을 방해하고 있다. 고치고 싶은 습관을 자신의 치부나 다른 사람에게 보이고 싶지 않은 부정적인 면이라고 여기는 사람들에게 첫 번째 특징은 도구의 사용을 꺼리는 큰 이유가 된다. 여전히 이런 습관을 가지고 있다는 것에 대한 스스로의 부끄러움을 가지고 있거나 남의 시선을 크게 신경 쓰는 사람에게 이는 큰 단점으로 다가오기 때문이다. 또한 의지만으로 고치기 힘든 습관을 도구를 통해 보다 간편하고 빠르게 해결하려고 했던 사람에게 교정도구의 두 번째 특징은 불만족의 원인이 된다. 습관을 쉽고 간편하게 개선하려고 하는 사용자에게 도구가 요구하는 시간과 노력이 오히려 습관보다 더 부담으로 다가올 수 있기 때문이다. 이렇듯 습관을 교정하는 데 도움을 주고자 하는 도구들이 오히려 습관을 고치는 데 방해가 되는 것 같다고 느끼는 사람들이 나타나기 시작했다. 이러한 사람들은 무의식적으로 나타나는 습관을 인지하는 것, 습관을 자연스럽게 고쳐주는 것, 많은 시간과 노력이 요구되지 않아도 습관이 고쳐질 수 있는 것을 원한다.

독서에는 교정도구라 하면 독서모임을 참가하는 방법이 있다. 독서모임마다 조금씩 다르기는 한데 보통 한 달에 한 권 또는, 일주일에 한 권 책을 읽고, 글을 쓰고, 사람들을 만나 대화로 친해질 수 있다. 책은 보통 독서모임에서 공통적으로 책을 선정해주기도 하고, 자유식으로 자신이 읽고 싶은 책을 고를 수도 있다. 글을 쓰는 것은 책을 읽고 줄거리와 느낀 점을 쓰고 독서모임을 한 후기를 적으면 되는 것이다. 그렇게 하여 독서모임에서 자신이 읽은 책을 소개하고 줄거리와 느낀 점을 발표하고 독서모임의 후기도 발표하면서 같은 독서모임을 하는 사람들과 친해지는 시간이 되는 것이다. 나는 회사에서 회사직원들과 함께 독서모임을 가졌다. 현장직 직원들과 사무직 직원들과는 직급 있는 직원들끼리 회의를 하는 경우 말고는 회식도 어쩌다 한 번 하는 것이기 때문에 친해질 경우가 별로 없었다. 독서모임으로 현장직, 사무직 직원들이 하나 되는 단합심도 길러지고 직원들끼리 인사만 하던 사이에서 친분이 쌓여가는 모습이 보였다. 요즘은 코로나로 거리두기를 하기에 오프라인 모임은 거의 없어지는 추세였다. 나는 코로나상황이 생기기 전에 오프라인 모임을 회사에서 가졌다.

지금은 다시 거리두기가 풀리는 상황이기는 하지만 온라인에서도 독서모임을 많이 가진다. 지금은 온택트 시대가 아닌가. 온라인은 네이버 카페에서 주로 활동을 하며, 스마트폰이나 컴퓨터, 노트북 또는 테블릿만 있어도 언제 어디서나 줌 앱이 설치되어 있으면 온라인으로 접속이 가능하다. 온라인의 장점으로 비대면이라 코로나 상황에서 거리두기 걱정이 없으며, 타지에 멀리 떨어져 있어도 할 수 있고, 해외에 있는 사람들과도 함께 할 수 있는 장점이 있다. 네이버 카페 독서모임 뿐 아니라, 각 지역 도서관에서도 독서모임을 온, 오프라인으로 하고 있다. 독서모임 시간은 규모에 따라 조금씩 차이가 있지만, 짧으면 한 시간, 길어도 두 시간을 넘지 않는다. 혼자서 독서하기가 어렵다면 이렇게 독서모임을 찾아 가입하고 참가해보는 것도 좋은 방법이다. 독서모임을 하면 우선은 책을 읽기 때문에 생각의 폭이 넓어지고, 발표를 하기에 발표력이 길러진다. 또한 다른 사람의 이야기를 경청하게 된다. 독서모임의 고수는 전심을 할 줄 안다고 한다. 즉, 상대방의 이야기를 적극적으로 듣는다는 의미이다. 독서모임에 참여하는 것은 사실 책을 읽는다는 것보다 사람을 읽는다는 의미가 크다. 책의 내용을 분석하는 것이 아닌, 같은 책을 읽고도 다른 사람들은 어떤 생각을 했는지 나누는 시간이다. 독서모임을 100% 즐기기 위해서는 다른 사람들의 이야기를 경청하는 태도가 필수적이다.

그리고 독서모임을 하다 보면 발표를 하게 된다. 발표가 부담스러울 때 활용할 수 있는 최고의 방법은 발표할 내용을 미리 적어두는 것이다. 긴장이 되어서 많이 떨리면 적어둔 내용을 읽기만 하면 되니까 부담이 한결 적어진다. 일단 입을 열고 나면 그다음부터는 생각보다 이야기가 술술 나온다. 긴장된 마음을 다스리기 위해서, 마음에 안정을 주는 발표 자료를 준비해두는 것도 좋은 방법이다. 독서모임을 마무리할 때에 참여자들에게 독서모임 후기를 작성해달라고 부탁을 한다. 사실 독서모임 후기를 작성하는 것은 조금은 귀찮은 일이기는 하다. 과제나 미션도 해야 하고, 참여하고 나서 독서모임 후기를 적어야 하니까 해야 할 일이 왜 이렇게 많은 것인지 생각하게 되는 것이다. 그러나 독서모임은 시간이 지나면 모든 내용이 머릿속에서 잊혀진다는 것이 가장 큰 단점이라고 생각한다. 독서모임의 내용을 기록하지 않는다면 매달 돌아오는 독서모임이 어쩌면 지루해질지도 모른다. 성장하는 사람들의 공통점은 배운 내용을 기록하고 그 기록을 쌓아간다는 것이다. 과제나 미션이 책과 나 사이의 대화를 기록한 것이라면 독서모임 후기는 참여자들과의 내용을 기록한다는 것에 의미가 있다. 과제나 미션을 차곡차곡 쌓아가는 것만큼 독서모임 후기를 차곡차곡 쌓아간다면 삶에서, 투자에서 누적을 통한 성장을 할 수 있을 것이다.

독서가 의식적으로 해야 된다고는 생각하지만 의식적인 생각만 가졌을 뿐 행동하기가 어렵다. 무의식적인 습관이 스며들어 있었던 시간이 길어서이다. 언제나 중요한 것은 운명을 바꾸는 시도를 한 번 해보는 용기가 필요하다는 것이다. 처음 한 번만 잘 시작하면 그다음은 수월해진다. 내 주변에 나를 끌어올려줄 사람 다섯 명과 함께 생활하면 도움이 된다고 한다. 독서모임을 시작하면 나를 끌어올려줄 수 있는 사람들이 많다. 내 주변에 새로운 사람이지만 나를 끌어올려줄 사람들로 채워나가는 것이다. 독서모임을 참가해보면 잘 알 것이다. 나보다 뛰어난 사람들이 많다는 것을 잘 알게 된다. 독서모임을 시작했다면 시소한 실천의 힘이 필요하다. 독서모임의 기본은 책 읽기다. 최소한 소제목 하나쯤은 읽어야 한마디라도 발표를 할 수 있지 않겠는가? 이 사소한 실천이 인생을 극적으로 이끌 것이다.

강조하지만 아무것도 하지 않으면 아무 일도 일어나지 않는다. 현재의 순간들은 반드시 미래와 연결된다. 지금 이 자리에서 시작하라. 터무니없다고 생각했던 아이디어가 기회의 문을 열 것이다. 완벽한 목표보다 가벼운 습관이 더 강력한 것이다. 머리보다 손과 발이 빨라야 한다. 재빠르게 검색하고 찾았으면 가입하기. 모든 것이 갖춰진 상황은 없다. 무엇이라도 해야 뭐라도 걸린다. 솔직히 나를 가로막는 것은 항상 나 자신이라고 생각한다. 적성을 찾으려면 직접 부딪혀야 한다. 공감능력이 미래의 성공을 결정할 것이다. 예측 불가능한 시대에 가장 확실한 진로 독서가 알려줄 것이다. 시작하는 용기 속에 기적이 숨어 있다. 행동하는 하루로 변화하는 삶을 만들어보라. 무의식적인 습관을 버리고 의식적인 습관으로 바뀔 것이다.

새로운 습관을 몸에 익히는 비결

독서는 개인마다 취향이 있다. 취향은 넓게는 분야별, 장르별 취향이 있는가 하면, 좁게는 주제별, 스타일적, 작가적 취향이 존재한다. 예를 들어 소설을 전혀 읽지 않는 사람들이 있는가 하면 자기계발서를 전혀 읽지 않는 사람들도 있다. 직장 내에서 독서모임을 하면서 소설을 읽지 않는 직원들을 보았었는데 문학에 대한 호불호는 굉장히 많이 갈린다는 사실도 알게 되었다. 나는 자기계발서에 푹 빠져 읽는 반면에 과학책은 고등학생 때 읽었고, 예술에 대한 책은 거의 읽지 않았다. 또 신기하게 영화는 스릴러 장르를 좋아하는데 비해 스릴러 소설은 읽지 않는다.

주제, 스타일, 작가적 취향은 너무나 다양하기에 일일이 설명하기는 쉽지 않다. 어떤 작가의 작품은 단 한 권도 읽지 않는 경우도 있고, 또 어떤 작가의 작품은 나오자마자 전부 사서 읽기도 한다. 이렇게 독서는 편독의 가능성이 항상 존재한다. 취향에 맞는 책만을 골라 읽다 보면 나의 책장에는 절대 들어오지 않는 책들이 있다. 독서모임은 편향적 독서를 균형적으로 독서를 할 수 있게 도와주는 역할을 한다. 혼자라면 읽지 않았을 책들을 손에 들고 읽게 해준다. 그러다가 깜짝 놀라기도 한다. '이렇게 좋은 책이 있었는데, 나는 전혀 읽으려고 하지 않았구나' 하고 느끼게 해준다.

앞 장에서도 독서모임에 관한 설명을 했다. 독서모임은 새로운 독서 습관을 만들 수 있게 도와준다. 또 독서모임을 가지면 다양한 책들을 접할 수 있게 해주는데 공통점인 것은 혼자는 선택하지 않았을 책이라는 점이다. 나의 독서경험은 얄팍하기 짝이 없지만 그래도 다양한 책들을 읽을 수 있었던 이유를 꼽으라면 단연 독서모임 덕분이다. 또한 독서모임에서 책을 지정하지 않고, 자율적으로 책 한 권을 선정하여 발표하는 자유 독서모임을 통해, 과거 읽었던 책을 다시 한번 더 읽어볼 수 있고, 또 정리하여 나눌 수 있는 좋은 기회를 가질 수 있다. 책을 소장용 또는 전시용으로만 보관하지 않고, 책장에서 꺼내 먼지를 털어내고 다시 읽어볼 수 있는 기회는 그리 많지 않은 듯하다.

요즘은 온택트 시대이다. 지금은 내가 〈한국석세스라이프스쿨〉의 성공 MBA를 하면서 온라인으로 일주일에 한 번씩 모임을 하고, 독서를 이어가고 있다. 책은 『진짜 부자들의 돈 쓰는 법』이다. 일주일에 한 권을 다 읽지는 않는다. 적게는 소제목 하나에서 많이 읽으면 세 개 정도이다. 무엇보다 공간을 초월하고 배우고, 오가는 시간도 절약되어 좋다. 종종 그 주에 새로 알게된 정보나 학습과제를 나누기도 한다. 집에서 나 혼자 있었으면 경험하지 못했을 소중한 시간들이었다. 혼자 보는 것과 비교했을 때 독서모임에 가입하고 활동을 하며 읽으면 책을 통해 얻는 것이 훨씬 많아진다. 강제적이기는 하지만 꾸준히 책을 읽을 수 있게 해준다. 그렇지 않는다면 보통의 일반인이라면 책을 거의 읽지 않을 것이기 때문이다.

책을 읽으니 생각하고 실천하는 능력이 키워진다. 다른 사람에게 책의 내용을 설명하려면 책을 제대로 읽어야 한다. 막상 읽은 내용에 대해 누군가에게 말하려고 하면 입이 잘 떨어지지 않고, 대충 얼버무려 얘기하는 본인을 발견한다. 그래서 독서모임을 하면 책을 제대로 읽게 된다. 똑같은 책을 읽더라도 다양한 시각에서 책을 이해할 수 있다. 똑같은 책 표지를 보고도 사람마다 받는 느낌은 제각각이다. 본인이 갖고 있는 사고의 틀이 서로 다른 이유이다. 그래서 독서모임을 하면 똑같은 책을 읽고 사람마다 다른 해석과 느낌을 받는 것을 알 수 있다. 그러하기에 매주 끊임없이 자극을 받는다. 개개인의 경험과 생각이 다르기 때문에 그 책을 더욱 다양한 시각에서 이해할 수 있다. 다양한 시각은 그 책에 대한 깊은 이해를 가능하게 하고, 내 머릿속에 더 많은 생각을 가져다준다. 그래서 독서모임을 하면 독서 후 머릿속에 더 많이 남는 이유이다. 일주일에 한 번씩 하는 독서모임이지만 한 번 할 때마다 마음이 풍요로워지고 감명받는 시간이 된다. 다음 주 이 시간이 또 기다려진다. 또 어떤 이야기가 시작될지 어떤 감명을 받을지 설렌다.

본업은 서로 다르니 다양한 직업군을 만나고, 비슷한 흥미와 자기발전을 가진 사람들과 성장과 발전에 관한 주제로 대화를 나눌 수 있다. 매일 비슷한 사람들과 비슷한 일상을 돌면서 지내는 것에서 벗어나서 전혀 다른 새로운 사람들과 신선한 주제로 이야기를 하면 생각보다 훨씬 더 일상에 활력을 불어넣어줄 수 있는 변화구가 되어줄 것이다. 사업이나 근무 시의 고민이나 돌파구에 대한 아이디어를 공유한다. 또한 홍보, 브랜딩, 마케팅, 기획, 분석 등에 관해서 이야기도 나눌 수 있다. 더 다양한 시각과 기회를 접할 수 있다. 서로의 성장과 성공을 응원하는 힘이 되고, 팀이 만들어진다. 나도 젊기는 하지만 저자인 나에 기준이지만 다양한 연령층이 모이기 때문에 다시금 젊어지고 막내가 되는 느낌을 받는다. 독서 후에는 블로그에 글을 쓰니 글쓰기가 더 향상되고, 카페에도 쉽게 내용을 공유할 수 있어서 좋다. 여러 번 반복 학습을 할 수 있어서 자기계발에 도움이 최상이다. 이외에도 좋은 점은 훨씬 많다. 그리고 제일 중요한 것은 새로운 습관을 형성할 수 있다. 새로운 습관을 몸에 익히는 비결이라고는 특별한 것이 없다. 독서가 혼자서 하기 힘들다면 독서모임을 참여해서 새로운 습관을 몸에 익히는 것이다. 당신도 독서모임에 가입하고 즐거운 독서하기를 바란다. 독서모임 강추한다!!!

"일주일에 독서 몇 번 해야 하나요?"

그때마다 "매일 하는 것이 좋다."라고 답한다. 독서의 '습관'을 만드는 게 중요하기 때문이다.

양치질을 생각해보자. 매일, 자주 하지 않고 격일로 띄엄띄엄 한다면 '습관'이 형성될까? 아침을 챙겨 먹는 사람이라면 하루씩 건너뛰고 먹지는 않는다. 이처럼 우리가 무언가를 무의식적으로 자동적으로 하는 것을 습관이라 한다면, 필연적으로 그것을 매일 반복해야 한다. 더 구체적으로 "어떻게 독서하는 습관을 만들 수 있냐?"라고 물어본다면 "매일 같은 시간에 독서를 시작해보라."라고 말해준다.

사실 독서하는 시간과 분량은 중요하지 않다. 독서를 10분만 하거나 책을 다섯 쪽을 읽고 끝내도 괜찮다. 하지만 그것을 매일, 일정 시간에 반복한다면 우리의 뇌는 머지않아 그것을 자동화의 영역으로 보내게 되고, 본인의 습관으로 자리 잡게 된다. 이런 습관화가 중요한 이유는 습관의 영역으로 들어온 뒤에는 심리적인 서항이 획연히 줄어들기 때문이다. 습관이 형성되는 과정은 물리학의 '정지 마찰력'과 '운동 마찰력'이라는 개념으로도 설명할 수 있다.

바닥에 놓인 상자를 움직이기 위해서 우리는 최대 정지 마찰력이라고 하는 정지 마찰력을 통과해야 한다. 가만히 있는 상자를 움직이는 힘인 정지 마찰력은 움직이는 상자를 계속 움직이게 하는 힘인 운동 마찰력보다 더 크다. 우리가 독서를 매일 하지 않고, 격일 혹은 사나흘에 한 번씩 한다면, 독서를 다시 시작하려고 할 때 심리적 저항에 맞닥뜨린다. 물리학의 관점을 적용하면 독서를 쉬었기 때문에 최대 정지 마찰력만큼의 힘을 줘야 다시 독서를 시작할 수 있는 것이다. 그러나 그제도 어제도 독서를 했다면 오늘 독서를 시작하는 데 힘이 더 적게 든다. 이 때문에 업무나 회식과 약속 등으로 독서를 제대로 하지 못하는 상황을 맞아도, 조금이라도 독서를 해야 한다. 평소만큼 못 한다고 해서 아예 독서를 건너뛰어선 안 된다. 그래야 최대 정지 마찰력의 힘을 들이지 않고 보다 손쉽게 독서를 계속해나갈 수 있다.

장기적인 관점에서 당장 오늘의 독서량이 적은 것은 아무 문제가 되지 않는다. 독서는 장기적인 관점으로 봐야 한다. 하루 10분이면 독서 습관을 만들기에 충분한 시간이다. 특별한 도구 없이, 누구나 쉽게 도전할 수 있다. 오늘부터 매일 같은 시간에 몸을 움직이며 독서하는 새로운 습관을 몸에 익혀보면 어떨까?

06

글자 하나하나에 매몰되지 마라

    책을 어떻게 읽어야 할까? 독서에 대해 꽤 많은 방법이 있다. 궁금해서 관련 책도 봤다. 독서법이라고 할 수 있는 책이다. 책은 인류의 역사에서 가장 오래된 기억 저장 테크놀로지다. 지금 우리가 사용하는 컴퓨터 저장 장치 이전까지 책은 기억을 저장할 수 있는 가장 유용한 테크놀로지였다. 책을 너무 빨리 읽으면 이해하지 못하고, 그렇다고 너무 느리게 읽으면 주의력이 산만해져서 집중하지 못한다. 당신은 책을 어떻게 읽는가? 인생을 바꾸어보겠다고 독서를 새로 시작한 지 벌써 6개월이 되었다. 하지만 책을 읽어도 도통 기억이 안 날 때가 많다. 나만 그런가 자책

하던 시간도 있었다.

　대체로 초보들은 책을 읽으면서 많이 하는 실수 중 하나가 책을 처음부터 끝까지 다 이해하고 넘어가겠다는 생각을 하는 것이다. 책을 한 글자 한 글자 읽다 보면 책은 금방 지루해질 것이고, 책을 한 번 읽고 단번에 이해한다면 그분은 천재일 것이다. 나는 책을 읽을 때 한 글자 한 글자 또박또박 읽지는 않는다. 처음 책을 펼쳤을 때 목차에서 읽고 싶은 소제목을 골라서 읽되 그림책을 보듯이 큰 문단을 보면서 넘어간다. 이렇게만 해도 책의 자세한 내용은 모르지만 대략적인 내용을 간파할 수는 있다. 그 후 책의 소제목을 다시 처음부터 읽기 시작하면서 전보다는 좀 더 자세하게 책을 읽는다. 그러면 책도 잘 읽히고, 기억에 오래 남는 효과가 있다. 책을 한 번만 읽지 마라.

　책의 저자들은 책을 쓸 때 분량을 채우고 독자들의 이해를 돕기 위해 최대한 많은 내용들을 쓴다. 그래서 독서법 주제를 가진 책을 골라 읽다 보면 책들마다 공통되는 내용들이 꽤 많다. 돈보다 시간이 더 중요하다. 책을 읽을 때도 효율적으로 읽어야 한다. 무작정 책을 처음부터 끝까지 다 읽는 것이 중요한 것이 아니라, 책에서 저자가 말하고 싶어 하는 의도를 알아내는 것이 더 중요하다. 그리고 책을 읽다가 본인이 이미 알고 있거나, 쓸데없는 이야기를 하는 것 같으면 과감히 뛰어넘어도 된다. 내가 궁금했던 점, 내가 몰랐던 점, 나의 생각과 다른 저자의 의도만 캐치하며 효율적으로 책을 읽어야 한다. 버릴 것은 버리고, 챙길 것은 확실히 챙겨

라. 다시 말해서, 필요 없는 부분은 과감히 버려라.

독서의 필요성은 책을 읽다 보면 끊임없이 제기된다. 하지만 막상 우리나라 성인의 평균 독서량은 미디어의 발전과 함께 계속 감소하고 있다. 1인당 0.8권에 이른다. 나이를 먹으며 학업핑계, 업무핑계에 독서와 멀어지는 사람들이 많아지고 있다. 지난 시간을 거슬러 올라가며 나도 책을 읽지 않은 긴 암흑기에 대하여 후회하고 있다. 다독을 하기 위해서는 습관을 만들어야 한다. 하루 10분씩이라도 독서를 시작하고, 틈틈이 책을 읽기 시작해야 한다. 그것이 쌓여서 습관이 되면 약속시간에 책을 가지고 나가지 않으면 빈손이 무안해지기도 한다. 책을 조금씩 읽기 시작했다면 목적을 세우고 규칙적인 독서를 해야 한다. 일주일에 책 한 권이면, 1년에 52권을 읽을 수 있다.

책을 읽다가 마음에 드는 구절에 밑줄을 긋고, 그 이유을 쓴다. 또한 영감이 떠오르면 여백에 적어둔다. 메모할 수 없는 상황이면 책 페이지를 접어둔다. 일명 귀접기, 또한 칼라 띠지를 이용해도 나중에 빠르게 다시 찾아볼 수 있다. 독서노트 작성도 메모독서에 포함된다. 책을 읽고 나서 그냥 지나가면 잊어버리기 쉽다. 책을 읽는 과정이 인풋이라면 아웃풋이 되어야 뇌가 더 기억할 수 있다. 아웃풋으로 책에 메모, 독서노트 작성, 마인드 맵 작성, 주변 사람들에게 책에 대하여 설명하기 등이 있다. 아웃풋 중에 강력한 한 가지가 독서토론이다. 그래서 나는 〈한책협〉

의 성공 MBA를 통해 독서토론을 한다. 의식도 많이 성장하게 되고 다양한 책도 많이 읽게 된다.

글자 하나하나에 매몰되지 않게 읽는 것이 핵심 독서법이다. 나는 〈한책협〉에서 핵심 독서법을 배웠다. 목차에서 소제목을 골라 읽으며 그중에서도 와닿는 문구나 문장을 읽고 저자가 의도하는 생각을 빠르게 파악할 수 있다. 한 권의 책에서 핵심독서법으로 몇 가지의 소제목을 읽고 다른 부분의 소제목이나 장제목이 읽히지 않는다면 그 책은 한 권의 책으로서 수명을 다한 것이라고 배웠다. 하지만 그 책은 버려지는 것이 아니다. 책장에 꽂히게 되어도 손길이 닿고, 눈길이 가는 곳에 두면 또 언젠가 다시 읽어보게 된다. 그때는 또 다른 부분의 소제목이 궁금해지고, 새로운 부분을 읽게 될 것이다. 그리고 책을 읽었으면 생각하고 또 생각해야 한다. 이것이 내가 책을 읽으며 제일 중요하게 여기는 부분이다. 우리는 책을 읽고 '아, 그렇구나.' 하고 끝내면 안 된다. 우리는 투자에 성공하고 부자가 되기 위해서는 생각을 해야 한다. '만약 내가 그 상황이었다면 어떻게 했을까? 그때 그 투자방법이 지금 시장에는 어떻게 먹힐까? 예전의 흐름은 이랬는데, 앞으로는 어떻게 흘러갈 수 있을까?' 등등 책의 내용을 바탕으로 혼자 상상하며 사고를 확장시켜야 한다.

내가 무슨 책 읽는 방법을 알려준다니 그대들은 내가 어릴 때 공부 잘하고 똑똑한 사람이었다고 생각할 수도 있다. 하지만 전혀 그렇지 않다.

나는 학창시절 공부하기 싫어 멍 때리기 일쑤였고 옆 친구와 노트에 오목을 하기 좋아하는 평범한 사람이었다. 그런데 부자가 되겠다고 마음먹고 뼈를 깎는 듯한 시간을 보내왔다. 사람마다 생각이 다르고 책을 읽는 습관도 다를 것이다. 그냥 나는 이렇게 독서하는 습관을 만들었다고 생각하고 당신의 스타일에 맞게 융합시켜 책 읽는 습관을 만들면 될 것 같다. 독서를 하며 주변 사람들을 지켜보니 수많은 강의를 듣는 것보다 책을 제대로 읽고 스스로 생각하는 습관을 갖는 것이 더 중요한 것 같다.

나는 책과 〈한책협〉의 성공 MBA를 통해 독서하는 방법을 익히고 나에게 맞게 나만의 원칙을 정해서 그렇게 독서했다. 사람이 독서하는 목표는 '독서량'이 아니다. 사람이 독서 하는 이유는 '발전'하기 위해서이다. 그렇기 때문에 다독한다고 해서 유익하고 다독하지 않는다고 해서 유익하지 않은 것이 아니다. 나는 내 속도에 맞게 급하게 읽으려 하지 않는다. 남들이 열 권 읽는다고 해서 나도 열 권을 읽으려고 하는 노력을 하지 않는다. 대신에 나에게 맞는 책을 찾으려고 노력한다. 또한 도움이 되는 책의 내용 중 필요한 내용을 정리하려고 한다. 그것을 활용하려고 노력한다. 내가 정한 독서법의 원칙을 준수하며 책을 읽는다.

그리고 그 방법은 매우 나에게 도움이 되고 효율적이라는 것을 안다. 이 기본 원칙을 지키면서 독서한다면 나뿐만 아니라 당신에게도 유익한 방법이라 생각한다. 나는 이 몰입적 사고 방법을 알고부터 더 나은 사람이 되었다. 독서를 할 때 '몰입'하기 위해서 오직 그 일에만 집중하는 '준비동작'이나 '작업방법'이 생겼는데 이것에 매우 효과적이라는 것을 알게 된다. 내용이 많고 복잡하다고 해서 더 좋을 것이 없고 단순하고 심플하다고 해서 덜 좋을 것이 없다. 독서하는데도 삶이 제자리걸음이라면 독서하는 방법을 리뉴얼해야 한다.

'글자 하나하나에 매몰되지 마라'라는 말이 있다. 덩어리로 묶어서 내용을 인지하면 더 오래 기억에 남는다. 독서의 궁극적인 목적은 책을 통한 발전에 있다. 그렇기 때문에 책을 깨끗하게 쓰고 메모를 예쁘게 하고 등은 부가적인 것이지 중요한 것은 아니다. 독서를 할 때는 중요한 것에 집중해야 한다. 당장 속발음 습관에서 벗어나라. 글자 하나하나를 차례로 읽어 내려가는 기존의 독서법은 눈과 뇌에 가장 피곤한 방법이다. 특히, 뇌가 피곤을 느끼면 최고의 수면제가 된다. 책만 들었다 하면 졸리다고 하는 사람들이 있는데 이는 이상한 일이 아니다. 우리의 뇌는 순차적으로 하나씩 생각하는 시스템이 아니라 전방위적으로 확장되면서 생각하는 통합적인 시스템이다. 독서도 그렇게 해야 한다. 강의 내용 중 일부와 당신에게 도움이 될 수 있는 내용 몇 가지였다. 이 내용만 잘 활용하여도 독서에 많은 도움이 될 수 있다.

단순히 고민하는 시간에 대한 제한과 압박이 없어서일까? 나는 평소에 생각이 많은 것은 안 좋은 거라고 정의를 내리곤 했는데 이유는 내가 생각이 많기 때문이다. 근데 내 머릿속에 가득했던 것은 생각이 아니라 걱정이었다. 책 읽을 때 하는 생각은 걱정이 아니라 생각이므로 생각하는 것을 즐기기로 했다. 지금 당신의 모습에 만족하는가? 아니면 당신의 인생을 바꾸고 싶은가?

07

지금 적용할 수 있는 일을 하라

나는 1년 정도 사귀던 여자 친구와 금전적인 문제로 2021년 10월 말에 헤어지고 가슴 아파할 일이 아니라고 생각하고 내가 그녀에게 할 수 있는 최고의 복수는 잘 사는 것이라 생각했다. 잘 살려면 무엇을 해야 할까 고민도 했다. 2022년 새해도 멀지 않았고, 내가 한동안 관심을 두지 않았던 독서를 해야겠다 싶어서 자기계발서를 찾아보았다. 자기계발서에서는 하나같이 책을 읽었으면 무엇이라도 시도하지 않으면 아무런 변화가 없다고 하면서 지금 당장 적용할 수 있는 일을 하라고 강조를 한다. 하다못해 가장 기본인 독서나 가벼운 운동부터 시작하다 보면 다음에 또 무엇인가 할 수 있는 것을 찾을 수 있을 것이라며 기본적인 것부터 하나 하나 시작해보라 하여 나는 독서를 선택했다. 한 달에 책을 3~5권씩 구매하면서 책을 읽기로 했다. 책을 읽다 보니 주식투자에도 관심이 가서 주식투자 지금 모르면 나중에도 모를 것 같아서 책으로 간접경험도 해보고 배울 겸 주식투자에 관한 책도 세 권 구매했다.

나는 책을 사는 데 돈 아깝다고 생각해본 적은 없었다. 책은 내 지식의 자산이라 생각하고 여건이 될 때마다 자주 샀다. 지금도 읽고 싶은 책이 있거나 성공 MBA 강의시간에 추천하는 도서가 있으면 구매해서 읽고 있다.

"정리란 자신의 삶과 공간의 혼란을 지배하는 것이다. 다시 말해 삶의 혼란 속에 끌려다니는 것이 아니라 인생의 주인이 되어 삶을 컨트롤 하는 것이다. 그렇기에 정리는 모든 자기계발의 출발점이 된다."

– 윤선현,『하루 15분 정리의 힘』중에서

예전에 (주)이스트밸리 티앤에스 티타늄 파이프 생산 공장에 재직하면서 회사에서 독서모임을 하던 때 일이다. 회사 내 독서모임에서 나누어 준 책은『하루 15분 정리의 힘』이다. 이 책 역시 자기계발서이다. '정리는 청소나 수납이다.'라는 선입견에서 벗어나 공간뿐만 아니라 시간, 인맥도 정리해야 할 필요가 있다고 저자는 강조하고 있다. 또한 정리를 못해서 스트레스를 받는 이유와 스트레스를 받는데도 해야만 하는 이유를 짚어내고 공간, 시간, 인맥을 중심으로 정리하는 방법을 다양한 예시와 함께 단계별로 알려준다. 이 책은 크게 두 파트로 나누어져 있다. 첫 번째 파트에서는 정리가 뭔가에 대해 정리하고 있는데 기존의 정리 마인드를 개선할 수 있도록 정리의 개념, 목적, 효과 등을 새롭게 살펴보고, 공간, 시간, 인맥의 3가지로 나누어 책을 읽는 날부터 당장 부담 없이 시작해볼 수 있는 정리 프로젝트를 소개하고 있다. 두 번째 파트에서는 정리력을 높일 수 있는 실천 프로그램을 소개하고 있다. 자신의 현 상황을 점검해볼 수 있는 체크리스트와 지갑이든 책상에 적용할 수 있는 5단계 정리법, 책을 다 읽지 않아도 골라서 시도해볼 수 있는 액션플랜을 익힐 수 있다. 국내 1호 정리 컨설턴트에게 제대로 배우는 유쾌한 정리법이다.

그중에서 나는 공간 정리를 배우고 싶었다. 집에서는 책상 정리, 방 정리 직장에서는 작업현장 정리를 잘하기 위해서였다. 나는 정리와 청소라는 개념을 알고 있었지만 내가 생각했던 정리와는 조금 달랐다. 내가 생각한 정리는 물건이 자기 자리에 깨끗이 있으면 되는 줄 알았다. 하지만 정리는 필요와 불필요를 구분하여 선택하는 작업이었다. 그렇게 다시 정리를 시작하니 정리의 신들이 말하는 '정리는 버리기'를 이해할 수 있게 되었다.

물건이 적으면 어지르는 양이 적어져 청소가 쉬워진다는 말에 확 꽂혔다. 물론 나는 미니멀하게 살고 있지 않지만, 물건을 늘리지 않으려고 '나름' 노력하기는 한다. 쓰지 않는 잡동사니에 파묻힌 책상을 볼 때, 먹지 않는 식재료들이 마구잡이로 들어가 있는 주방 하부장을 볼 때, 작업현장에서는 자주 잘 사용하는 공구와 잘 사용하지 않는 공구가 한데 섞여 있는 것과 잡동사니 필요 없는 물건들까지도 한꺼번에 공구대에 보관된 모습을 볼 때, 내가 받는 스트레스를 줄이고자 정리하며 버렸는데 기분이 꽤 상쾌하다. 이제 중요한 것은 '유지'이다.

회사에서는 사무실과 현장 두 곳 직원 모두가 정리가 안 된 모습을 보았기 때문에 이 책을 선물해주며 독서하고 습관이 변하기를 바라던 것이었다. 책에서 정리는 습관이라고 하였다. 진짜 맞는 말인 것 같다. 회사 내 직원들의 생각과 성격, 개성은 다 달랐지만, 정리하는 것만큼은 나 하나 편하자고 사용하고 난 후에 그냥 툭 던져두고 나 몰라라 하고 그 자리를 이탈해버리는 것은 모두가 공통점이었다.

결국 나 하나 편하자고 생각했던 일들이 쌓이고 쌓여서 모두 힘들어진 것이다. 이 책을 구매해준 의미와 이유를 알고 책을 정성스럽게 읽었다. 그 당시에 나는 정리와 청소라는 눈에 보이는 형상만 바꾸려고 생각했었다. 자기계발에 대한 깨우침이 없었던 탓이다. 하지만 모든 직원들의 습관이 조금씩 변해서 사무실은 사무실대로, 현장은 현장대로 쓸모없는 물건은 버리고, 자주 사용하는 것과 자주 사용하지 않는 것을 구별해 보관하고 사용 후에도 그냥 툭 던지고 이탈하던 모습들이 매번 그 순간마다 정리정돈을 하는 습관으로 변하게 되었다. 정리정돈과 주변 청소 만큼은 깔끔한 현장으로 회사 전체가 깔끔하게 바뀌었다. 그 당시 모두 책의 위대함을 느낄 수 있었다.

이렇게 예전에 나는 모두가 함께하는 직장 내 독서모임을 통해서『하루 15분 정리의 힘』을 읽고 변화를 가지기 위한 첫 번째 도전이 책 내용 따라 정리, 정돈, 청소였다. 지금은 책을 읽고 동기부여를 받아 책 쓰기가 되어 있다. 책을 읽는 방법을 배우고자 핵심독서법도 배웠다. 그리고 나는 크게 성공하고 싶어서 〈한책협〉을 통해 1인 창업과정을 배웠고, 책 출판 홍보과정과 SNS 책 마케팅도 배웠다. 이렇게 한 번의 책 읽기를 통해서 한 가지를 도전하게 되니 또 부수적으로 필요한 것을 알게 되고, 모르는 것은 성공자에게 크게 배우게 되었다.

지금은 의식성장을 키우기 위해서 성공 MBA를 수강하고 있다. 책을 읽어 진짜 부자들의 돈 쓰는 법도 배우고 마인드가 바뀌어간다. 지난 시간에는 내가 강연가가 되었다고 생각하고 첫 강연에 갈 때 어떤 옷을 입고 갈 것인지 온라인 매장에서 강연가 스타일의 옷을 찾아 캡처해서 과제방에 올리기를 했다. 그냥 평범한 정장 스타일은 재미가 없다. 고급지고 세련된 명품 스타일의 수트를 찾아 올렸다. 이제 나는 평범한 사람이 아닌 멋진 강연가의 마인드를 배웠다. 내 의식이 한층 또 성장하게 되었다.

이렇게 독서모임이나 의식성장 강의를 들으면서 혼자 만드는 독서습관보다는 여럿이 함께하며 모임 시간에는 발표를 해야 하니 멋지게까지는 아니더라도 부끄럽지 않을 정도로라도 발표하기 위해서 읽고 발표 준비를 하게 된다. 이렇게 억지로라도 습관을 만들어간다. 처음은 길들여지지 않은 습관이라 억지로 만들었지만 그 습관이 자리 잡으면 무서운 독서습관이 된다. 그 무서운 독서습관은 나의 무기가 된다. 나의 무기가 된 습관은 자신감을 높이며, 단단한 삶을 만든다. 시작이 어렵다면 꼭 내 책이 아니라도 좋다. 시중 서점에 나온 독서법 관련 책들이 무수히 많다. 마음에 드는 책을 골라 읽고 시작이 어렵다면 그들처럼 해보라고 권한다. 부자, 성공은 새로운 것을 찾아서 만든 습관이 아니다. 이미 부자인 사람을, 이미 성공자의 사람을 모방하고 따라 하는 것이다. 그러면 나도 그들처럼 싱공자의 삶을 따라가게 되는 것이다. 5~7세 어린아이들을 보면 아무것도 모르던 아이가 자신의 엄마와 아빠를 보고 배워 따라 하게 되는 것과 같은 것이다. 그래서 아이들 앞에서 말조심, 행동 조심하라고 하는 것이지 않겠는가. 아이는 자신의 엄마와 아빠가 하는 말과 행동을 보고 배우고 성장하는 것이다. 나는 이제 막 책 쓰기를 시작한 신생아와 같다고 볼 수 있다. 나는 크게 성장하기 위해서 이미 성공한 자들의 모습을 보고 배울 것이다. 아니 나를 키워줄 수 있는 성공자와 함께 살아갈 것이다. 그들은 나의 멘토이사 스승인 〈한책협〉 김태광 대표, 〈위닝북스〉 권동희 대표, 〈한투협〉 주이슬 대표이다. 이 책을 읽는 그대들도 지금 적용할 수 있는 일을 찾아보라. 무엇이든 다 좋다. 가장 기본중의 기

본인 정리정돈 및 청소, 독서, 운동 등을 하다 보면 또 다른 무언가가 생

각나거나 발견될 것이다.

워크샵&독서모임

조별 독서토론

이스트밸리 독서모임 인증샷

5장

인생은 책을
얼마나 읽느냐에
따라 달라진다

01

모든 성공에는 작은 시작점이 있다

나는 28세에 처음으로 철강회사에 발을 들여놓았고 일해온 시간이 어느덧 10년이 넘었다. 젊음의 패기로 열심히 일해야 할 나이에 중소기업에 입사해서 부도, 폐업, 협력사 퇴출이라는 상황에 처해보기도 했다. 그래서 나는 자랑은 아니지만, 원치 않는 이직을 한 경험이 많다. 그리고 나는 4년제 대학교 출신이다. 4년제 대학을 졸업하고 취업의 문턱은 터무니없이 폭이 좁았다. 막상 전공을 살려서 취업을 해도 정규직 자리가 아닌 비정규직 일명 계약직(근무기간이 정해져 있는 형태)이었다. 연구소의 정규직 자리는 석, 박사(유학파)를 원했다. 나는 철강의 도시로 유명한 경북 포항에서 살면서 철강공장에 취업하고자 최종학력을 숨겨야 했다. 처음에는 이력서 최종학력에 4년제 대학을 적었더니 문전박대였다. 고학력자라고 이력서만 냈다 하면 탈락이었다. 그래서 이력서에 최종학력을 고졸로 체크해서 제출했다. 지금까지도 직장에서 나의 최종학력은 고졸로 되어 있다.

2022년 4월 16일 현재시간 23시 50분, 나는 이 책을 쓰기 위해 오후반 근무를 마치고 퇴근하고 돌아와 자리에 앉았다. 아니 나는 오늘 연근을 했다. 아침반 근무조에서 휴가자가 발생하여 연근을 했다. 오후반 근무 시간 편성은 15시부터 23시까지인데 교대는 14시 20분~30분 사이에 이루어진다. 남은 30분에는 근무했던 직원들 샤워를 할 수 있게 배려하여 약 30분 일찍 교대가 된다. 아침반 교대시간은 6시 20분~30분 사이이다. 연근을 하면 새벽 4시 30분에 기상하여 5시쯤에는 집에서 출발하여야 한다. 자차로 집에서 회사까지는 약 20~30분 정도 소요된다. 탈의실 개인 락커에서 작업복으로 환복하고 현장사무실에 가서 교대 전까지 대기하는데 요즘 코로나 확진자가 많이 발생하여 작은 사무실에서 대기하기란 여간 불안한 일이 아니다.

15일 어제부터 오후반 근무가 시작되어 오늘은 2일째 근무였다. 오후반 첫날 밤 11시에 퇴근해서 집에 오니 밤 11시 30분, 16일 새벽 출근을 위해 잠시 누워 있다가 잠들었다. 약 4시간 정도 자고 새벽 4시 30분에 일어나 출근 준비를 한다. 교대시간 전으로 늦지 않게 도착하고 근무 및 교대 준비를 한다. 교대하고 나면 퇴근시간이 오기까지 중식과 석식시간 외에 급하게 화장실을 가야 할 때가 아닌 이상 한 평 남짓한 공간의 천장 크레인 운전실에 앉아서 근무를 한다. 높이는 대략 아파트 4~5층 높이로 12~15m 정도다. 천장크레인 운전실에는 냉 · 난방시설이 되어 있고, 육체적으로 큰 힘이 들어가는 노동은 아니라서, 크레인 아래 바닥에서 일하는 활동이 크거나 육체적 힘이 많이 들어가는 일을 하는 사람들에게 부러움을 많이 산다. 하지만 아래에서는 위의 사정을 모르기에 마냥 편한 직업이라 생각하는 경향이 많다.

동국제강 포항공장은 H빔이라고 하는 형강제품과 빌렛이라고 하는 철근을 만들기 위한 봉강제품을 생산한다. 고철장에서 고철을 전기로에 장입하고 부원료인 석회석, 코크스 등을 함께 넣어 전기를 가해 고철을 녹여 쇳물을 만든다. 쇳물은 레들이라고 하는 쇳물 담는 통에 받아 연속주조(이하 연주)로 이송된다. 레들에서 쇳물이 부어져 연주를 통과하면 연주에 셋팅되어 있는 틀 모양에 따라 빔블랭크(BB), 블룸(BL300각, BL200각), 빌렛(BT)가 생산된다. 이는 모두 반제품이다. 이 반제품이 압연공정을 통과하면 비로소 아파트 건설현장에서 쓰이는 H빔이 만들어진다. 빌렛은 봉강공장으로 보내지고 봉강공장에서 철근이 만들어져 나온다.

내가 일하는 공정은 연주에서 나오는 반제품을 적재, 이송, 이적, 출하, 장입하는 반제품장이다. 우리는 이곳을 블룸장이라고 한다. 블룸장은 쇳물이 반제품으로 만들어져 나오는 곳이라 언제나 뜨겁고 더운 곳이다. 보통 쇳물의 온도는 1,100~1,200℃이고, 반제품은 고체화되었기 때문에 800~900℃ 정도 될 것 같다. 반제품이 냉각대로 빠지지 않고 롤을 타고 자동으로 넘어가 압연공정으로 바로 넘어가기도 하는데, 이를 핫차지라고 한다. 뜨거운 제품이 바로 압연으로 들어간다고 하여 핫차지라 한다. 압연의 첫 시작은 가열로인데 가열로에 들어간 반제품은 다시 재가열해서 시뻘건 제품을 압연롤로 누르고 눌러 완제품이 생산된다. 반제품이 압연으로 들어가 재가열되는 이유는 철의 특징이 달구어지면 철은 물러지기 때문이다. 연주에서 생산되어 압연까지 넘어오는 과정에서 많이 식었기 때문에 재가열하여 가공하기 좋은 온도로 올리기 위해서 재가열하는 것이다. 물러진 철을 압연의 롤로 가공해서 완제품인 H빔이 만들어진다.

막 생산된 반제품은 시뻘겋다. 그래서 냉각대에서 최대한 오래 많이 식혀서 적재, 이송, 이적, 출하, 장입이 된다. 반제품장의 냉각대에서는 식히는 동안 그 뜨거운 열기는 위로 올라오기 때문에 천장크레인 전체가 열을 많이 받게 된다. 뜨거운 열을 그대로 다 받기 때문에 크레인의 전기 제어를 하는 판넬은 크레인의 거더 내에 설치되어 있고 이곳은 항상 에어컨이 켜져 있다. 에어컨이 켜져 있지 않으면 화재가 일어난다. 운전실 역시 에어컨이 설치되어 있다. 제품이 생산되어 나오는 날이면 항상 뜨겁기 때문에 공장 밖의 계절이 겨울이라 하더라도 항상 에어컨을 켜야 한다.

불과 5주전에는 B1호 크레인 운전실 에어컨이 고장 나서 한 달 정도 고치지 못해서 곤혹을 치른 적이 있다. 이 크레인은 생산품이 나오는 자리에서 주로 업무하는 크레인이다. 창문을 열면 그나마 조금은 나아지기는 하는데, 분진이 많이 떠다녀서 호흡기 건강에 영향을 끼친다. 그래도 어쩔 수 없이 분진마스크를 착용하고 창문을 활짝 열어두었다. 그렇게 몇 일을 고생하다가 선풍기를 올려놓았는데 선풍기 바람도 소용이 없다. 뜨거운 바람이 그대로 더 뜨겁게 느껴질 뿐이다. 그래서 이동식 에어컨을 잠시 설치했었는데 냉각대에 제품이 없을 때는 그나마 시원한데, 각 냉각대마다 제품이 꽉 차게 되면 에어컨이 용량이 작은 터라 제 기능을 하지 못한다. 바람이 나오는 통풍구에만 시원할 뿐이다.

에어컨이 제 기능을 하지 못하면 운전실 내부는 건식 사우나처럼 공기뿐만 아니라 앉아 있는 의자, 레버 등이 매우 뜨거워진다. 더워진 운전실 내부는 모든 것이 뜨거워서 만지기도 싫어진다. 앉아 있기가 싫다. 가만히 있어도 옷은 땀으로 홀딱 젖어버린다. 열악한 환경에서 작업하기란 여간 쉽지 않다. 에어컨을 바로 고쳐주지 못하는 이유는 지난 3월에 공장 내에서 안전관련 사망사고가 났기 때문이다. 크레인에는 기사 외에는 접근금지령이 떨어져서이다. 이런 환경에서 내가 얼마나 더 오래 근무할 수 있을까?

나도 근무 중에 BB라고 하는 빔블랭크를 이송하던 중에 낙하했던 적이 있었다. 일부러 낙하시켜 보고 싶어서 그런 것은 절대 아니다. 마그넷에 닿는 면적이 작고, 제품의 길이는 11m나 되고, 무게는 1m에 1톤이라고 하니 한 번에 2본을 들고 갈 수 있는데 바닥이 평탄하지 못해 잘못 붙었던 것이었다. 한 본당 11톤씩, 2본이 한꺼번에 7~8m 공중에서 와창창 떨어지면 소리도 엄청 크고 그냥 무섭다. 그 밑에 사람이 없었으니 다행이지 사람까지 있었으면 산업안전 중대재해가 되어버린다.

내가 철강회사에 처음 입사해서 중간중간 곤혹을 치렀던 일들, 지금 회사에서도 열악하고 위험이 따르는 환경 때문에 나는 독서를 했다. 독서가 무슨 큰 힘이 된다고 말하거나 독서가 어떤 변화를 가져다줄 수 있냐고 물으신다면 그것은 당신이 독서를 깊이 있게 하지 못한 것이다. 나는 독서를 통해 책 쓰기라는 자기계발을 시작하게 되었다. 책을 읽었으니 이제는 책을 써보기로 한 것이다. 〈한책협〉 김태광 대표의 명언 '책은 성공해서 쓰는 것이 아니라, 책을 써야 성공한다'는 내용에 동기부여가 되었다. 벌써 마지막에 가까운 5장의 첫 번째 내용을 쓰고 있고 이 원고가 다 작성되어 출판사에 제출하게 되면 책으로 출간될 것이다. 나도 이 책을 쓰는 것이 처음이다 보니까 출간된 이후에는 또 어떠한 일들이 내게 다가올 것인지 무척이나 궁금하고 설렌다.

아니 난 이미 성공자의 삶이 이루어졌다고 믿는다. 책 쓰기라는 것을 모르는 사람은 없을 것이다. 하지만 직접 책을 쓰는 사람은 예전에 비하면 많이 늘었지만 그래도 아직 적은 편이라 생각한다. 그리고 나는 이 책을 썼기 때문이다. 얼마 남지 않은 목차를 부지런히 하나하나 마무리해서 하루빨리 원고 탈고를 해야겠다. 모든 성공에는 작은 시작점이 있다. 당신도 성공을 위한 작은 시작점을 찾아보기를 바란다.

02

미래를 원하는 대로 바꿔라

나는 2012년도 29세 나이로 경북 경주시 건천읍 소재에 있는 (주)이스트밸리 티앤에스라고 하는 티타늄 튜브(파이프)를 만드는 회사에 생산직으로 입사를 했다. 지금은 회사가 폐업하고 없다. 처음에는 후공정에 배치되어 절단 및 면취, 유밴딩, 제품 포장 파트에서 근무했다. 이런 일, 저런 일을 시키면 시키는 대로 온갖 허드렛일을 가리지 않고 열심히, 성실히 일해왔다. 야간근무 투입하라고 하면 다른 사람들은 다 하기 싫어하는데 군소리 없이 12시간 맞교대 근무를 내가 먼저 나서서 "제가 하겠습니다. 또는 제가 해도 될까요?"라는 말로 주변 사람들에게 먼저 다가가고 성실한 나의 모습을 보여주고 싶었다. 나는 이 회사에 최대한 오랫동안 재직하고 싶었다. 내가 다닌 회사 중에 제일 안정적이라 생각했기 때문이다.

나는 조금씩 모아두었던 돈 200만 원으로 2010년에 철강공장에 처음 입사하면서 중고차를 샀다. 1999년식 EF 소나타 LPG차량이었다. 저렴한 금액에 중고차를 사서 출퇴근용으로 딱 좋았다. 연료도 LPG라서 다른 연료를 사용하는 차량들보다 저렴하게 타고 다녔다. 이스트밸리 티엔에스에 근무하면서 나는 급여를 받으면 조금씩이라도 저축하고 남는 돈은 여가활동비로 지출을 했다. 회사 근무한 지 3년차 그 당시 나의 연봉은 3,400만 원이었다. 내 첫차를 중고차로 구매하여 운행하고 다닌 지 5년이 되었다. 99년식 차량을 2015년까지 16년 운행된 차량이라 노후되고 부속 교체 비용도 많이 들어서 신차를 가지고 싶었다. 이번 신차는 SUV로 타고 싶었다. 2015년식 싼타페DM을 신차로 구매했었다. 차량 높이도 높으니 운전하는 시야가 넓어서 좋았다. 그 전 차량에 비해 트렁크도 비교할 수 없을 만큼 크고 넓었다. 그리고 무엇보다 할부를 포함하기는 했지만, 내가 일하면서 번 돈을 모아 차량을 바꾸었다는 것에 자부심이 컸다. 이스트밸리에 입사한 지 3년 만에 차량을 바꾸었다. 신차로 샀으니 애지중지 일주일에 한 번씩은 꼭 세차를 했었다.

차량을 바꾸니 회사에서도 다른 직원들이 깜짝 놀랐다. "차 금액이 어떻게 되냐?" "몇 cc이냐?" "차가 SUV라 크고 좋다." 이렇게 부러움도 많이 샀다. 다른 사람들은 내 차를 바꿀 때 부모님의 도움으로 바꿨다고 생각하는 사람들이 많았다. 그래서 나는 내가 모은 돈으로 차를 바꾸었다고 말했다. 그것은 확실히 자신 있게 말할 수 있다. 평일에는 회사 출퇴근용, 주말에는 부모님과 함께 드라이브도 다녀오고 차를 타고 데이트도 다녔다. 차가 크고 넓으니 짐도 많이 실을 수 있어서 좋은 사람들과 캠핑도 종종 다녔다. 역시 차는 넓고 크고 좋아야 한다는 생각이 절로 들게 하였다. 당시에 우리 회사는 원자력발전소 열교환기용, 해수담수화 시설을 만드는 플랜트용 튜브(파이프)를 만들었다. 우리나라에는 한창 원자력발전소를 신축으로 증설하는 분위기여서 생산량도 많았다. 그래서 내가 좋은 차량을 유지하며 타고 다닐 수 있었다.

하지만 입사 5년 차가 되자 일본 후쿠시마 지진과 해일로 후쿠시마 원전 폭발이 있었다. 육, 해, 공, 어디라 할 것 없이 온통 방사능이 퍼져나가 오염되었다. 문재인 대통령 정권이 자리 잡으면서 일본의 그러한 문제로 우리나라도 안전하지 못하다며 원자력발전을 중단해야 한다며 탈원전을 강조했다. 나는 다르게 생각한다. 방사능이 누구나 알겠지만 위험한 핵 물질인 것은 사실이다. 그렇지만 위험한 핵 물질로 원자력 발전을 하는 만큼 지진이나 해일에 대비할 수 있는 시설로 만들면 된다고 생각한다. 그러니 내 말은 탈원전을 반대한다는 의견이다. 전 국민 67.9%가 탈원전에 반대하였고, 반대서명으로는 50만 명이 넘었지만, 탈원전에 대한 반대의견은 수렴되지 않았다. 그렇게 하여 전국에 원자력발전소를 건설하기 위한 수많은 관계근로자가 일자리를 잃어야 했고, 이스트밸리 티앤에스 또한 예외는 아니었다. 폐업으로 인하여 이스트밸리 소속 직원들 역시 한순간에 실업자가 되어야 했다.

그리하여 나는 실업급여를 받으며 또 다른 직장의 직장인이 되기 위하여 기술을 가르쳐주는 학교에 등록하고 자격증을 취득하였다. 그 당시 나는 그것이 최선이라고 생각하였다. 이스트밸리에서 나는 리모컨 호이스트크레인과 지게차를 회사 내에서 수시로 운용하였다. 그래서 지게차와 천장크레인 자격증에 관심이 많았고 어떻게든 취득하고야 말겠다는 각오로 등록하였다. 천장크레인은 별개로 교육장도 떨어져 있었고, 지게차 과정은 굴삭기와 함께 1+1으로 묶여 있는 교육과정이었다. 굴삭기에는 전혀 관심이 없었던 나였지만 함께 교육을 받고 자격증도 하나 더 취득할 수 있다는 것이 너무 좋았다. 최단시간에 3가지 자격증을 모두 취득하였다. 그리고 나는 취업박람회에 이력서 및 면접을 볼 수 있다고 하여 찾아가 여러 기업들의 부스를 둘러보고 천장크레인 운전에 관심이 가서 지금의 회사 동국제강 부스에 찾아갔다. 거기에는 동국제강 포항공장 내 1협력 부장님이 직접 부스에 나와서 지원을 받고 계셨다. 나는 시험에는 합격하였지만 자격증이 합격자 발표가 난 이후에 발급받을 수 있다고 하니 자격증이 발급되면 연락을 달라는 부장님의 명함을 하나 받았다. 김정희 부장님이 나를 좋게 봐주셔서 너무나 감사했다.

최종합격 발표 이후 자격증을 발급받으니 김 부장님께서 면접을 보자고 연락이 왔었다. 나는 잠시라도 일하며 수입을 만들어야 차량 할부금이며 각종 공과금을 납부할 수 있었기에 선박철판전처리, 절단가공을 하는 업체에서 호이스트 크레인으로 후판을 찾고 다음 공정으로 넘겨주는 업무를 했는데 외국인 노동자가 많은 회사였다. 근무 중에는 나갈 수 없고 잔업이 없는 날이니 일찍 퇴근하고 가는 길에 면접을 볼 수는 없는지 양해를 구했다. 퇴근길에 면접을 보러 오라고 흔쾌히 허락하셨고 구술면접과 실기면접을 함께 볼 수 있었다. 근무를 하게 된다면 직접 크레인을 운용해야 하기에 현장에 근무하고 있는 계장님께 실기면접을 보았다. 실기는 크레인을 주행해서 바닥에 깔려 있는 비렛 7본을 들었다 내리기였다. 대략 아파트 4~5층 높이여서 비렛은 엄청 작게 보였다. 하지만 나는 아무런 문제 없이 성공했고 합격했다.

그리하여 정현락 계장님과 인연이 되어 계장님께 직접 B3호 크레인으로 주업무 교육을 받았다. 정현락 계장님은 지금도 같은 조의 조장으로 계신다. 계장님은 나의 이야기도 잘 들어주시지만 계장님이 이야기하는 코드도 나와 잘 맞는 것 같다. 나는 대화코드가 맞아서 계장님과 잘 어울려 다닌다. 계장님 역시도 나이 차나 직급을 차별화하지 않으시고 잘해주시니 내가 잘 따르는 것이다. 회사에서는 주변 직원들이 내가 계장님과 잘 어울려 다니는 것이 좋지 않게 보이는가보다. 이상한 소문들이 돌고 돌아 내 귀에도 들어온다. 나는 계장님이 직급 있다고 로비를 한 적도 없다. 계장님께 잘 보이려고 일명 알랑방귀를 뀐 것도 아니다. 단지 서로의 마음이 잘 맞으니까 트러블 없이 지내는 것이다. 코로나 시대가 오기 전에는 휴일에 계장님과 함께 캠핑을 다니기도 했다. 그만큼 허물없이 가깝게 지내는 모습이 다른 직원들은 그렇게도 싫은가 보다. 나는 같은 직장에 다니고 있으니 퇴사가 언제가 될지는 모르지만 서로 직장에서 부딪히며 일하는 동안에는 잘 지내고 싶을 뿐이다. 동국제강 포항공장 1협력에 들어온 지도 벌써 지금은 4년차다. 나는 입사 2년 차에 2020년식 더 페이스리프트 그랜저IG로 차량을 새로 바꾸었다. 싼타페DM은 구매하고 만 5년 타고 바꾸었다. 나는 나름대로 내가 또래 친구들에 비하면 성공, 성장했다고 생각했다. 하지만 다시 생각해보니 그냥 평범하고 무난하게 지내온 것 같다. 나는 확실하게 남들이 인정해줄 수 있을 만큼 폭풍성장하고 싶다.

　나는 요즘 책을 읽고 깨우쳐서 자기계발을 하고 있다. 나는 마냥 평범하게 안정적인 것이 불안해져서이다. 안정적인 것이 불안하다고 하면 이상하게 들리는가? 그렇다. 나는 불안하다. 직장인으로서는 더 이상 나의 성공을 보장하지 않는다고 생각이 든다. 주임, 계장으로는 승진은 언젠가 할지는 몰라도, 회사에서는 직급이 한 단계씩 올라가겠지만 세상은 나를 알아보지 못한다. 내가 정년 후에는 어떻게 살고 있을지 미래를 그려보았다. 내 미래는 불투명하다. 요즘은 100세 시대라고 하는데 내가 정년 이후에 무엇을 할 수 있을지, 무엇을 하며 돈을 벌며 남한테 피해주지 않으며 살 수 있을지 나는 지금부터가 걱정이 된다. 그래서 나는 꾸준한 독서를 하겠다고 다짐한 것이고, 지금 무엇이라도 하지 않으면 내 미래는 비전 없는 현재와 똑같은 모습이라 생각하고 책 쓰기에 도전을 하였다. 지금부터 꾸준하게 내 미래를 새롭게 만들어가는 것이 답이다.

"책은 성공해서 쓰는 것이 아니라, 책을 써야 성공한다."라는 〈한책협〉 김태광 대표의 말에 동기부여를 받았다. 책 쓰기에는 정년이 없는 것 같다. 나는 책 쓰기로 내 미래를 원하는 대로 바꾸고 싶었다. 자기계발로 꾸준한 성장을 하며 다른 누군가에게는 멋진 동기부여가가 되고 싶다. 나는 이미 절반은 이루었다. 아니 예전의 나에 비하면 크게 성장하였다.

앞으로는 방송이나 온오프라인으로나 멋지게 강연하는 강연가가 되고 싶다. 크게 성공하면 제일 먼저 신용, 담보 대출, 자동차 할부금, 카드 할부금 등 모든 빚에서 해방되고 싶다. 평생 가난하게 살며 돈 때문에 힘들어하신 부모님께는 각각 매월 1,000만 원 이상의 용돈을 드리고 싶다. 빌딩숲으로 유명한 서울의 강남과 바다뷰가 멋진 포항, 이 두 곳에 내 이름으로 된 멋지고 큰 건물을 짓고 집필실을 두어 포항과 서울을 오가며 멋진 꿈을 키우는 내가 될 것이다. 내 이름으로 된 장학, 복지 재단도 설립해 북한이탈주민(새터민), 한부모가정의 자녀, 소아청소년 장애인에게 도움을 주고 싶다. 손이 떨려 특별한 날에 한두 개 사봤던 명품 가방, 옷, 자동차, 귀금속도 김태광 작가 부부처럼 멋지게 쇼핑할 것이다. 또한 부모님을 모시고 전 세계를 호화롭게 여행하고 싶다. 나는 내 미래가 곧 화려하게 다가올 것이라고 믿는다. 이보다 더 큰 꿈을 가지고 실현되는 모습을 반드시 만들어갈 것이다. 이 책을 읽는 당신도 미래를 원하는 대로 바꾸어보라.

03

독서습관만 바꿔도 인생이 달라진다

CHANGE IS CHANCE (G → C) 변화는 기회다.

2022년 2월 5일, 나는 회사 오전반 근무를 마치고 오후 3시 35분, 경기
도 분당으로 주이슬 작가를 처음 만나러 가는 KTX에 몸을 실었다. 포항
역에서 동대구역 하차, SRT로 환승하여 수서역까지 가는 일정이다. 기
차 안은 여느 때와 변함없이 평온하다. 나는 평온한 기차 안에서 책을 읽
으며 종착역인 수서역까지 갔다. 나는 도착하여 지하철로 이동하였다.
퇴근길 시간이랑 겹쳐서 조금 혼잡하였다. 내가 보는 지하철 풍경은 많

은 사람들이 이동하는 교통수단으로 이용하는데 그 안은 참 다양한 사람이 있다. 스마트폰으로 게임하는 사람, 동영상시청, 웹툰, 이어폰을 꽂고 음악을 듣는 사람, 뉴스 기사, SNS를 하는 다양한 사람이 있다. 사람들이 하나같이 눈을 뜨고 있으면 스마트폰을 들여다보는 사람들이 대부분이었다. 피곤해서 눈을 감고 있는 사람도 있고, 어쩌다 한두 명은 독서를 하는 사람도 있었다. 모두 직업도 다양할 것이다. 대기업 사무직으로 출퇴근하는 사람, 중소기업, 생산직, 사업가, 학생, 공무원, 교사, 경찰, 간호사 다양한 사람이 있을 것이다.

다양한 직업을 가진 수많은 사람들이 대중교통으로 이용하는 지하철 안에는 출근시간, 퇴근시간 할 것 없이 피곤에 지친 사람들이 많다. 코로나 시대 이전에는 술에 취해 비틀거리거나 술주정하는 사람도 있었고 술에 취해 잠들어서 목적지 역을 지나쳤는지도 모르고 열차를 타고 갈 때까지 계속 가는 사람들도 있었다. 지하철을 환승역에서 환승을 하거나 목적지 도착역에서 도보로 이동 시에는 무진장 바쁘게들 빠른 걸음으로 이동한다. 바쁘게 살아가는 일상, 삶의 낙이 없어 보인다. 매일같이 반복 또 반복되는 일상으로 해 뜨면 출근하고 해 지면 퇴근하는 사람들로 붐비는 지하철이다. 사람들은 하나같이 피곤해하고 바쁜 일상으로 반복되니 힘들어하면서 비전 있고, 더 나은 삶을 찾으려 하지 않는 것 같다. 물론 몰라서 그러는 사람들이 대부분일 것이고 어쩔 수 없이 '내가 이렇게 살아왔고 남들도 이렇게 살아가고 있으니 이 길이 최선이다.'라고 생각하는 사람들도 꽤나 많을 것이다. 모든 사람이 변화를 원하지만 변화를 선택하는 사람은 적다. 그 길을 알려주면 걸어가본 길이 아니라 두렵고, 자신감 없고, 겁이 나서 변화를 포기하는 사람들이 대부분이라 생각한다. 나는 지하철을 타고 이동하는 지치고, 낙이 없는 사람들의 모습을 보면 아이러니하기도 하고 어처구니없게도 느껴진다.

출퇴근길 지하철을 타고 짧게는 10분, 20분, 길게는 한 시간 이상 이동하는 사람들이 많을 것이다. 우리나라가 IT강국답게 스마트폰만 들여다보지 말고 책 한 권씩 들고 다니면서 독서를 통해 공부하고 확신을 가지고 믿음을 만들면 된다고 생각한다. 그리고 그때 행동하면 되는 것이다. 한 번의 변화가 아닌 지속적인 변화로 만드는 것이다. 독서를 하면 지식이 쌓이고, 지식이 쌓이면, 자신감이 생긴다. 두려움도 많이 사라진다. 그 이유는 책의 저자로 인해 간접경험을 미리 해볼 수 있으니 리스크가 줄어들기 때문이다. 기업과 국가는 빠른 속도로 변화하고 있다. 하지만 개인은 거의 변화하지 않거나 변화의 속도가 많이 느리거나 더디다. 지하철을 타고 이동하는 시간에도 세상은 많은 것이 변한다.

대중교통을 이용할 때 보게 되는 이용자들의 특징은 크게 3가지로 나뉜다. 무언가를 보거나, 누군가와 이야기를 하거나, 눈을 감고 잠을 자거나. 그중 무언가를 보는 이들의 눈은 대부분 스마트폰을 향해 있다. 대중교통을 버스와 지하철로 나눈다면 그나마 버스에서는 창밖으로 시선이가 있는 사람들이라도 있지만, 창밖의 풍경을 기대할 수 없는 지하철 안에서는 대부분 스마트폰에 고개를 처박고 있다. 문득 스마트폰이 보급되지 않던 시절의 우리들은 대중교통에서 어떤 모습이었나 생각해본다.

어른들 말씀으로 1980년대 지하철 안 풍경과 현재의 지하철 안 풍경은 너무나도 확연하게 차이가 난다고 한다. 스마트폰이 없던 시절, 사람들 손에 책이나 신문이 들려 있었고, 누군가 보다 만 신문들은 지하철 선반 위에 너저분히 놓여 있었다. 또 누군가는 지하철 칸을 돌아다니며 주인 없는 신문들을 수거했다. 아침 출근 시간이면 지하철 출입구에서 무료 신문을 나누어주기도 했는데, 어제 혹은 지난밤 잠든 사이 일어난 이슈들을 1면 기사를 통해 만원 지하철 안에서 확인했다. 인터넷과 스마트폰의 보급으로 종이 신문들은 사라졌고, 양팔 벌려 신문을 펼쳐 보던 노매너 승객도 사라졌다. 우르르 승객들이 목적지에 내리고 난 뒤에 휑한 지하철 칸을 돌아다니며 누군가 보다 만 신문을 수거하는 이들도 사라졌다. 이제는 모두 대중교통 안에서 고개를 숙이고 있다. 거북목의 시대가 도래했고, 현대인들의 체형은 바뀌고 있다. 앞에 서 있는 사람 가방도 들어줬는데 요즘에는 전혀 하질 않는다. 당시엔 그랬는데, 요즘 지하철에는 스마트폰이 우리의 생활을 바꾸어놓았다.

우리나라 만 3세 이상 인구 중 모바일 인터넷 이용자 비율은 91.5%에 달한다. OTT서비스를 비롯해 은행업무 등 이제 스마트폰으로 못하는 것은 없다. 데스크탑이나 노트북을 켜는 게 더 번거로울 지경이다. 현대인들은 스마트폰의 순기능으로 혜택을 누리고 있는가? 스마트폰의 역기능으로 노예가 되고 있는가? 스마트폰에 고개를 처박고 있느라 점점 하늘을 볼 일이 없어졌다는 것만은 분명해 보인다. 고개는 아래로 더 아래로 떨궈지고 있다.

스마트폰 중독은 스마트폰을 과도하게 사용하는 증상을 가리키는 말이다. 소소한 과몰입이라고 한다면 스마트폰 보급 이후 대다수가 느끼고 있는 현실이 되었다. 스마트폰이나 인터넷 없이 조금만 살아보고 어떤 기분이 드는지를 느껴본다면 대다수가 공감할 수 있을 것이다. 만약에 그런 경우라도 불안하지 않다면 아니겠지만, 그런 것이 없다고 불안해진다면 정도가 약하더라도 중독성이 없다고는 할 수 없다. 그리고 이런 이야기가 나올 때의 여론을 보면 이는 적지 않은 수가 공감하고 있는 현실이다. 물론 스마트폰 중독은 그렇게 중대한 문제와 결부되는 것은 아니며 소소한 심신 건강의 문제일 뿐이다. 물론 개개인에 따라서는 심각할 수도 있는데 이는 조울증, 조현병, 강박장애 등 다른 정신질환 때문에 생긴 '증상'일 뿐이다. 스마트폰 중독 때문에 일부러 활발히 활동하던 SNS나 커뮤니티를 접고 아날로그로 돌아가는 사람들도 있다. 하지만 현실적으로 사회생활 때문에 폰까지 없애기는커녕 디지털 장비를 피하기조차 쉽지 않다. 사실 개개인에 따라서는 전혀 부정적인 영향이 없이 유용성이 압도적으로 크기도 하다. 확실한 것은 건강한 생활을 위해서는 스스로의 생활을 통제할 수 있어야 한다는 것이다. 다만 자의식이 성립 중인 어린이의 경우 부모가 제대로 지도해주지 않는 한 심각한 문제가 발생할 수 있다. 그래서 아동심리학계에서는 어린이가 스마트폰 사용 시 반드시 부모의 철저한 지도하에 사용하게 해줘야 하며, 최소 만 13세 이후에 스마트폰을 소유하게 할 것을 권장하고 있다. 이는 사회 문제와 연관이 있다고 볼 수도 있다. 대한민국의 교육제도가 입시 위주 교육이고 공부가 학생들에게 스트레스와 좌절감을 많이 유발하다 보니, 학생들이 이러한 성격을 가진 공부를 꺼리게 되면서 스마트폰으로 빠져들게 되는 것이다.

요즘 현대인들은 자기 자신과 독대하는 시간이 없다. 자기 자신과 독대하기 위해서는 스마트폰을 잠시라도 멀리해야 한다. 스마트폰으로 좋은 정보를 빠르게 얻을 수는 있지만, 게임, 영화, 동영상, 음악, SNS를 하는 행위는 모든 것이 자기 자신과 독대하기를 방해하는 소음인 것이다. 우리는 현대문명의 소음 속에 살아가고 있다. 자기 자신과 독대하기 위해서는 머릿속에 잡생각을 버리고 자기 자신에게 집중해야 한다. 자기 자신에게 집중하기 가장 좋은 방법으로는 독서하는 것이다. 독서 습관만 바꿔도 인생이 달라질 수 있는데 그 작은 노력조차 하지 않으려는 모습을 보니 한심하기만 하다.

대중교통을 이용할 때나 직장이나 학교를 갈 때나, 다들 스마트폰 내지 테블릿 PC를 꼭 가지고 다닌다. 내가 초등학생 때까지만 해도 볼 수 없던 풍경들이었다. 요즘은 초등학생들까지도 스마트폰을 가지고 다닌다.

'우리가 너무 스마트폰에 지배를 당하고 있지 않나?'라는 생각이 든다. 편리성으로는 최고로 뽑지만 스마트폰과 가까워지면 친구들과 멀어진다는 얘기가 있듯이 너무 과하면 인간관계에서의 문제도 생긴다. 또한 SNS로 인해 너무 일상생활이 공개되는 만큼 조금만 스마트하게 쓴다면 좋은 환경임은 분명하다.

시도하지 않으면 아무것도 할 수 없다

시중에 온오프라인 서점을 둘러보면 자기계발서, 경제 · 경영, 부동산 관련 책들이 많이 진열되어 홍보 및 판매되고 있다. 나는 그중에 자기계발서와 경제 · 경영 관련 몇 권의 책을 읽었다. 진짜 내가 관심이 가는 책을 골라보았고 나도 앞장에서 이야기했듯 어떠한 계기가 되기 전까지는 책을 멀리했던 기간도 길었다. 나도 아픔과 상처를 받고서야 삶의 변화를 꿈꾸게 되었고 책을 찾기 시작했다. 역시 꾸준한 독서 습관이 진정한 내 삶의 무기가 된다는 사실을 진정 느끼는 순간이 되기도 한다. 하지만 우리나라 전 국민 대부분이 삶의 변화를 가지고 싶어 하지만 어떻게 무엇을 시도해야 하는지 모를뿐더러 독서조차도 하지 않는 사람이 많은 것은 사실이다. 나는 이스트밸리 티앤에스 회사에 다닐 때 독서모임을 하면서 얻은 내용을 정리, 정돈, 청소에 적용했다. 어찌 보면 '정리, 정돈, 청소는 기본 중의 기본이기에 평상시에 매일같이 해야 하는 것인데 과연 변화나 발전이 있을까'라는 생각을 하게 된다. 하지만 그런 생각은 버려야 한다. 진심으로 상상 이상의 놀라운 변화가 기다리고 있다.

정리, 정돈, 청소로 주변이 바뀌고 내 마인드도 바뀐다. 그리고 깔끔하고 깨끗해진 환경 탓에 어지르거나 더럽히는 것조차도 함부로 하면 안 되겠다는 생각에 행동도 바뀌게 된다. 나 하나만 그런 것이 아니라 전 직원들이 함께 동참했던 독서모임이었기에 한 권의 책으로 많은 사람들의 행동과 생각까지 바꾸어놓았다. 솔직하게 나 혼자의 행동과 생각을 바꾸기란 쉽지 않은 일이다. 작은 중소기업이지만 50명 정도의 행동과 생각이 모두 바뀌게 되었다는 것은 엄청나게 대단한 일이다.

실패하는 것과 시도하지 않는 것은 전혀 다르다. 실패를 통해 그다음을 기약할 수 있지만, 시도하지 않으면 아무것도 얻는 게 없다. 너무 준비에만 몰두하지 말고 열정이 식기 전에 실행에 옮겨야 한다. 작지만 좋은 습관들이 가진 힘은 바로 실천할 수 있도록 흐름을 만든 것에 있다. 시간이 지날수록 열정은 줄어들고 결국 아무것도 하지 않기 마련이다. 긍정이 부정으로 바뀌고 귀찮은 마음이 커지면 자기합리화로 인해 실컷 준비해놓고선 포기한다. 결국 실행이 답이다. 자기계발은 혼자만을 위한 것이 아니라 가족의 행복을 위한 것임을 일깨우는 것이다. 자기계발을 성공적으로 해내면 본인에게도 유무형의 가치가 생겨서 좋은 일이지만 가족에게 더 긍정적이다. 작지만 좋은 습관들을 길러 나 자신뿐만 아니라 가족까지 행복해지는 길을 만들어야 한다.

최종적으로 가지고 있는 큰 목표는 있지만 나는 이 목표에 지나치게 집착하지 않는다. 작은 목표를 정해놓고 이를 달성하기 위해 매진하고 어느 정도 성공적이라 생각하면 그다음 목표를 향해 달리는 것이다. 이 패턴을 계속 반복하면 최종목표에 도달하게 된다. 누구나 다른 사람들이 짧은 기간에 살을 빼는 모습을 접하면 감탄을 금치 못할 것이다. 그것에 자극을 받아 다이어트를 시도하게 되는데 결과는 좋지 않기 마련이다. 따라서 큰 목표를 세우고 좌절하기보다 작은 것부터 하나씩 이루어나가는 방법으로 접근할 필요가 있다. 작은 목표부터 먼저 성취하라. 다이어트를 한다고 하면 무리하게 계획하고 이를 빨리 끝내버리려고 한다. 그러다가 생각대로 되지 않으면 바로 포기해버린다. 자신만의 루틴을 만들어야 한다. 그러면 건강한 몸을 만들 수 있다.

남들보다 앞서갈 수 있는 비결은 지금 당장 시작하는 것이다. "정상으로 오르는 길은 수많은 갈등과 난관으로 가로막혀 있다. 성공한 사람에게 물어보아라. 그들의 비결은 일단 시도해보는 것이다."

책 쓰기를 처음 시작하려던 때 일이 기억난다. 나는 그저 아주 평범하게 직장인의 길에서 살아온 사람이었다. 책 쓰기의 전문가가 아니라는 말이다. 내가 전공을 책 쓰기로 해왔던 것도 아니었고 단지 고등학교 때 과학 분야의 책을 읽고 독후감을 써서 최우수상을 받아본 경험이 전부였다.

교내과학도서독후감 1학년 최우수상   교내과학도서독후감 2학년 최우수상

책 쓰기를 하면 시간도 엄청나게 많이 걸리는 줄 알았다. 보통은 대학 교 과정도 2년제, 3년제, 4년제, 의과대는 6년제로 되어 있는데 책 쓰기 를 하는 것이 대학 과정 만큼이나 배우고, 갈고, 닦아서 전문가가 되어야 책을 쓰는 것으로 알았다. 내가 생각했던 것은 책은 성공해야, 성공한 사 람만이 쓰는 것으로 알았는데, 〈한책협〉 김태광 대표는 "책은 성공해서

쓰는 것이 아니라, 책을 써야 성공한다."라고 말해주었다. 나는 그 명언에 감동받고 "그래? 그럼 나도 도전해보자." 하고 시작하게 되었다. 생각이 많고 이리저리 재고 하다 보면 어느새 부정적인 마인드가 가득 차버려 도전하고 싶은 욕망이 식어버린다. 나도 내가 평소에 반반이라고 생각했는데 지금 생각해보면 긍정적 마인드보다 부정적인 마인드를 가진 사람이었던 것 같다. 이번에는 진심 현재의 내 모습이 발전되고 변화된 성공자가 되고 싶어서 도전해야겠다는 마음이 컸다.

우리는 지금 건강 100세 시대에 살고 있지만, 직장은 나의 미래를 더이상 보장하지 않는다. 정년까지 보장하여 근무를 할 수 있다고 하더라도 정년 이후의 삶은 무엇을 하며 어떻게 살아갈 것인가에 대해서 생각해본 적이 있는가? 나는 어찌 보면 정년까지는 20년 남았다고 하지만 지금부터 나의 기술을 새로이 갈고닦아야 하는 시점이라 생각이 들었다. 나이가 한 살이라도 적을 때 도전하려 하지 않았던 것이 안타깝다. 하지만 지금이라도 깨우친 나는 나의 미래 5년 후, 10년 후를 생각하게 된다. 그저 생각만 하고 끝내는 것이 아니라 이제는 상상하는 대로 이루어진다는 신념을 가지고 살아간다. 사는 대로 생각하는 것이 아니라 생각한 대로 살아길 것이다.

여기 경북 포항이라는 곳은 대기업 근로자들이 많아서인지 사람들의 마인드가 대부분 평범함과 안정적인 것을 추구하는 경향이 너무 심하다. 내가 생각하는 평범함과 안정적인 것만 추구하게 된다면 흙수저로 태어나 평생을 흙수저로 사는 인생, 서민은 천년만년 서민일 뿐이다. 하지만 나는 내 미래를 원하는 대로 만들기 위해 무엇이든 시도해야만 한다고 생각하고 찾던 중에 이렇게 책을 쓰는 기술을 배웠다. 평생 직장은 없어도 평생 직업은 있다. 요즘 나도 책 쓰기를 도전하면서 알게 된 일인데 수많은 직업군 소속의 사람들이 책 쓰기에 도전하고 있다. 평범한 사람에서 작가가 되는 일. 경찰, 소방관, 의사, 간호사, 변호사, 교사, 생산직, 은행원, 공무원 등 다양한 직업의 직장인들이 작가의 길에 도전하는 것이다. 직장인 소속으로는 절대로 성공과 부를 이루기는 어렵다.

나도 사람이라서 부정적인 말을 들으면 기분도 다운되고 도전한 것을 후회하게 만드는 부정의 힘이 내게도 남아 있다. 하지만 나는 그 부정의 말을 들어도 내가 스스로 걸러서 듣고 긍정의 힘을 받으려고 나의 멘토들의 이야기를 유튜브를 통해 듣는다. 그러면 다시 나의 에너지가 상승한다. 모르는 누군가가 보면 내가 혹여 다단계에 빠져 있지는 않는지 의심을 할 수 있을 것이라 생각이 들지만 나는 전혀 그렇지 않다. 나는 대한민국 책 쓰기의 1등 코치 김태광 대표코치라는 거인의 어깨 위에서 책 쓰기를 시작했다. 그는 신용불량자에서 자수성가하여 180억 부를 이루어낸 거인이다. 나도 성공자의 옆에서 긍정 기운을 받고 성공자의 삶을 따라 살아가는 것을 배워 크게 성장하고 나도 누군가에게 동기부여가 되는 동기부여가로 거듭날 것이다. 삶은 끊임없는 도전이고 발전되는 사람이 되어야 한다.

'그냥 이대로'는 실패의 주문이라 생각한다. 대한민국은 지금 고령화시대로 접어들기 시작했다. 비혼주의자, 저출산, 연세 많으신 노인이 사회 뉴스에 심심치 않게 보도되고 있다. 기업체의 현장 직원들을 보아도 젊은이들의 수가 많지 않다. 주변국인 일본을 보아도 우리나라보다 10년 앞서가고 있다고 한다. 일본에는 대기업들도 많이 폐업하여 일자리가 없다고 하고 그나마 일할 수 있는 사람들은 중소기업에서 일을 한다고 하는데 물론 쉽지는 않지만 우리나라도 어떠한 문제로 직장을 다닐 수 없다는 가정하에 만약 당신은 실업자가 되었다면 무슨 일을 어떻게 할 것인지 생각해본 적 있는가? 사업을 한다고 하더라도 자금은 많이 모아둔 것이 있는가? 나는 지금 그냥 이대로 있겠다는 것은 가장 위험한 길로 가고 있는 것이라 생각한다. 인생은 항상 선택이다. 지금 이 순간 시도하지 않으면 아무것도 할 수 없다. 아무것도 시도하지 않은 채 실패자로 남을 것인지, 무엇이라도 찾아 도전하여 변화된 삶을 만들어 성공자가 될 것인지 이 순간 다시 한번 깊게 생각해보길 바란다.

인생은 책을 얼마나 읽느냐에 따라 달라진다

내가 어린 시절 부모님이 그렇게 책을 읽으라고 하는 이유를 잘 몰랐다. 책은 우리가 원하는 것들을 이룰 수 있는 방향을 제시해주고 경험하지 못한 것들을 간접적으로 경험하게 해준다. 대한민국은 세계적으로 독서를 하지 않는 민족으로 유명하다. 1년간 한 권의 책도 읽지 않는 사람이 많다고 한다. 나는 중학생 때까지 학교는 그냥 의무적으로 원하는 곳에 진학할 수 있을 줄 알았다. 나는 '포항해양과학고등학교'라는 실업계 고등학교를 졸업했다. 중학교를 졸업하고 고등학교에 진학할 때 엄청나게 후회를 했다. 포항해양과학고등학교라 하면 포항시에서 제일 공부 못하고 학생들이 불건전하고 담배 많이 피우고 껄렁거리는 불성실한 학생들이 많은 학교로 소문난 학교였다. 일명 '따라지 학교'라고 많이들 불렀다. 그래서 난 입학해보지도 않고 소문만 듣고는 후회하고 엄마를 부둥켜안고 울기도 했었다. 겪어보지도 않고 소문에 나는 겁부터 먹었던 것이다. 엄마는 "그러니 평소에 책도 좀 보고, 공부를 잘하지."라며 달래주셨다. 당시에는 성적순으로 등급을 나누어서 고등학교에 배치되었던 시절이었다.

중학교 담임선생님은 내 성적으로는 인문계 고등학교 중에서도 꼴찌하는 학교에서도 못 가고, 실업계 고등학교 중에서도 흥해공업고등학교에도 못 가지만 해양과학고에 가서 열심히 하면 좋은 결실이 있을 것이라고 용기와 희망을 안겨주셨다. 하지만 내 귓가에는 들어오지 않았다. 어쩔 수 없이 내 성적으로는 다른 학교는 갈 수 없으니 해양과학고에 입학하였다. 2000년도 입학할 당시에는 포항수산고등학교였다. 나는 특수목적학과인 자영수산과를 지원해서 입학하였다. 자영수산과가 무슨 공부를 하는 곳인지 궁금해하는 사람들이 많았다. 물고기를 기르는 수산양식학을 배우는 학과이다. 역대 대통령 중에 김영삼 전 대통령이 잡는 어업에서 기르는 어업으로 전망을 바꾸어야 한다며 양식학을 키워보자는 취지로 신설된 학과였다. 당시에는 바닷가 주변으로 가두리 양식장도 많고 육상수조식(순환여과식) 양식장도 많았다.

학교는 소문난 것처럼 거친 친구들이 몇 명 있었지만 착한 친구들도 많았다. 김영삼 전 대통령 임기 시절 해양수산부처도 신설되면서 장관도 임명되기도 했었다. 그래서 나는 포항시에서는 따라지 학교로 소문난 학교이지만 여기서도 열심히 하면 무엇이라도 해낼 수 있을 것이라는 희망이 보이기 시작했다. 1학년 학기 초 4월이었다. 그런데 대학교 4학년생이면서 교육학과 졸업예정인 대학생들이 교생으로 우리 학교에 실습을 나온다는 것이었다. 실습을 오는 교생선생님들과 나이 차이가 여섯 살밖에 차이나지 않는 형, 누나들이었다. 교생선생님의 성 비중도 남자보다는 여자가 훨씬 많았다. 교생은 어떻게 해야 할 수 있는 것인지 궁금해졌다. 그래서 교생선생님들과 친해지기로 했다. 교생선생님에게 교생은 어떻게 되는 것이냐고 질문을 했다. 4년제 대학교에 진학해야 하는데 학과는 교육학과로 입학해서 4학년에 실습을 나올 수 있단다. 졸업 후에는 임용고사를 치르고 합격하면 선생님이 되는 길이라는 자세한 설명을 들을 수 있었다.

내가 "교생선생님은 어느 학교 다녀요?" 물으니 부산에 있는 국립 부경대학교 수산과학대학 수산생명교육학과를 전공했고 졸업예정이라는 것까지도 알게 되었다. 나는 그 후로 부경대학교라는 목표를 가지고 공부를 하기로 결심했다. 1년마다 매해 4월이면 교생실습을 나왔다. 교생실습을 나오는 선생님들은 매번 바뀌었다. 학년이 바뀌니 실습 나오는 선생님도 바뀌는 것이었다. 내가 대학교에 진학하기 위해서는 수시입학전형이라는 것이 생겨서 수능시험을 치르지 않아도 내신 성적만으로도 진학할 수 있다고 한다. 나에게는 더더욱 좋은 조건으로 기회가 찾아왔다. 학교에서는 과학의 달을 맞아 교내 과학도서 독후감 쓰기 대회도 열려서 우리 반에서는 내가 지원했다. 1학년 때부터 과학도서 독후감쓰기 대회에서 최우수상을 받았다. 그 후 매년 과학도서 독후감쓰기 대회를 참여하게 되었고 2학년 때에도 최우수상을 입상하였다. 3학년 때에는 통일문예작품 대회를 참여하였는데 장려상을 입상하였다. 그리고 2학년, 3학년에는 학업우수상도 받게 되었고 3학년 마치고 졸업식에서는 개근상까지 받았다. 이렇게 매년 글쓰기 부문에 입상하고 상장을 받게 되어 나의 내신 성적에는 가산점을 받기도 하였다.

교내 3년 개근상

교내 통일문예작품대화 3학년 장려상

교내 학업우수상 2학년 교내 학업우수상 3학년

2002년 늦가을 2003학년도 대입수시전형이 먼저 시작되었고, 나는 수시 2학기 모집전형에 실업계고등학교 출신자로 국립 부경대학교 수산과학대학 수산생명과학과군에 지원하였다. 교육학과는 아니었지만 일반학과에서도 부전공으로 교직과목을 이수하면 교생실습도, 중등교사도 할 수 있다는 것을 알고 안정적으로 지원을 했다.

서류전형에 합격하고 구술면접이 있었다. 구술면접 면접관은 대학 교수님 네 분과 4대1로 20~30분 정도 진행되었다. 나는 고등학교 1학년 때부터 목표였던 대학교라 열정과 패기가 넘쳤다. 대학교수님이 면접관으로 나오셨지만 한 분, 한 분 눈을 마주쳐가며 질문에 답변하였고 교수님 네 명 중에 한 분이 갸우뚱하셨지만 세 분은 나를 긍정적으로 아주 좋게 평가해주셨다. 그리하여 나는 최종합격자의 명단에 포함될 수 있었다.

2003년 3월에 입학하고 '나도 대학생이다.'라는 자부심을 가지고 수업에도 열심히 참가하고 캠퍼스 생활을 만끽하였다. 학교 시설로 도서관이 있어서 자주 드나들었는데 건물이 오래되어 많이 낡고 규모도 많이 작아서 만족스러운 도서관은 아니었다. 구 도서관 맞은편 공터에 새 도서관을 짓는 공사가 진행되었고 규모가 훨씬 크고 웅장한 도서관 신관이 생겼다. 국립대학교 도서관인 만큼 도서관에서는 많은 행사도 진행되었다. 도서관 대회의실에서는 초빙강연가의 강연도 참여할 수 있었고 더 많은 도서도 열람실에 비치되어 도서관에 자리 잡고 앉아서 읽어도 되고 도서 대출도 가능하니 너무 좋았다. 나는 이 학교 학생으로서 누릴 수 있는 것은 모두 다 누리고 싶었다. 실업계고등학교 출신자라서 전공분야의 성적은 좋았는데 인문계 파트의 과목인 미분적분학과 영어가 많이 힘들었다. 원서로 되어 있는 교재도 많이 힘들었다.

"학위는 스팸이지만 저서는 스펙이다. 한 권의 저서는 박사학위보다 훨씬 가치가 있다."

- 김도사 · 권마담, 『김대리는 어떻게 1개월 만에 작가가 되었을까』 중에서

우리나라 역대 대통령으로 김영삼 전 대통령 임기 시절에 해양수산부처 설립되었고 김대중 전 대통령, 노무현 전 대통령 임기까지는 해양수산부처가 문제없이 잘 성장해왔었다. 하지만 2008년 이명박 전 대통령 임기에 해양수산부는 농림부와 식품부 세 개의 부처가 통합되었고 부처의 이름은 농림수산식품부였다. 장관 역시 농림부 소속의 장관으로만 임명되니 해양수산분야의 발전이 많이 더뎠고 취업 분야도 사실상 많이 줄어들기도 했다. 그리고 그 전부터 기업에서는 비정규직(계약직, 일용직)들을 채용하여 쓰다 보니 좋은 일자리는 조건을 맞추지 못해 지원이 안 되었고, 일회용 나무젓가락처럼 필요할 때는 유용하게 쓰다가 쓸모없어지니 한순간에 버려지는 고통의 순간을 느껴보기도 했다.

철강회사 현장직에 지원하려니 최종학력란에 처음에는 사실대로 기입하고 지원했더니 규모가 작은 소기업에서는 힘들고 더럽고 위험한 직종이 많아서 직원채용이 어렵다 보니 문제없이 취업이 되었지만, 중소기업으로 규모가 조금 커지면 커질수록 4년제 출신자는 뽑아주지 않거나 지원조건부에 올려서 지원할 수 없도록 한 기업도 많았다. 젊은이가 대학교까지 졸업하고 취업이 안 되어서 집에서 빈둥빈둥 놀고 있는 모습이 좋지 않아서 나는 어쩔 수 없이 최종학력란에 4년제 대학 졸업으로 체크할 수 없었다. 무슨 일이든 시켜만 준다면 닥치는 대로 입사하여 벌어야 한다는 생각뿐이었다. 그 후로 기업체가 부실하여 부도나 폐업을 하게 되어 이직할 때마다 나는 이력서 최종학력을 고졸로 체크하여 지금까지 일하고 있다.

작가라는 직업의 위치는 학사학위→석사학위→박사학위→저자(저서)라고 한다. 나는 석·박사의 위치를 거치지 않고 학사에서 저자로 껑충 뛰어넘었다. 박사 출신 의사, 대학교수, 정치인들도 자신의 저서를 가지고 싶어 한다고 한다. 나는 독자에서 저자로 위치를 바꾸었다. 나는 더 큰 명예를 얻었다. 인생은 책을 얼마나 읽었느냐에 따라 달라진다.

06

책을 읽고 나서야 알게 된 것들

나는 학창시절부터 책을 조금씩 읽었다. 대학시절에는 책을 구매하기보다는 학교 도서관에서 도서대출을 해서 읽어왔다. 직장인이 되고 어쩌다 생각나면 한 권씩 구매하다가 구매나 독서를 뜸하게 멈추기도 했었다. 괜찮은 직장을 만나 회사에서 독서모임이라는 것도 경험할 수 있었고 여러 권의 책도 선물 받았다. 독서를 뜸하게 멈추었다가 다시 시작하려니 힘들기도 하였다. 진짜 독서는 목표를 세우고 조금씩이라도 꾸준하게 하는 것이 정답인 것 같다. 직장인들 중에 한 달에 책 한 권도 읽지 않는 사람들도 많지만 수십 권을 읽는 사람들도 꽤 많다. 나는 지금이 변화할 수 있는 적기라고 생각했다. 직장생활로 많지는 않지만, 안정적이고 꾸준히 급여가 들어온다.

하지만 모으려고 마음을 먹어도 빠르게 많이 모아지지도 않는다. 책이나 유튜브를 통해서 재테크 공부도 해보았다. 많은 시간과 꾸준한 노력을 필요로 한다. 재테크도 조금씩 하면서 다른 방법들은 없을까 고민하고 또 고민하며 찾고 또 찾아보았다. 자기계발서에는 하나같이 책을 읽었으면 무엇이라도 당장 할 수 있는 것부터 해보라고 권한다. 나는 〈한투협〉 주이슬 대표이자 작가를 만나 좋은 인연이 되어서였을까? 책 쓰기를 권해준다. 예전부터 책 쓰기를 언젠가는 이루고 싶은 버킷리스트 중 하나였지만, 나는 책 쓰기를 성공한 성공자들이 쓰거나 책을 전문으로 쓰는 전문작가들이나 쓰는 것으로 크게 착각하고 자연스레 철벽을 쌓아두고 있었다. 주이슬 작가도 내게 책 쓰기를 권해주고, 유튜브 채널 〈행복부자 샤이니 Shiny Days〉의 EBS 영어강사인 김재영 유튜버도 책 쓰기에 도전해보라는 영상을 보기도 했었고, 나도 '지금은 변화를 가져야 할 때이다.'라고 목표를 세운 김에 주이슬 작가의 도움으로 〈한책협〉 김태광 대표코치를 소개받았고 책 쓰기를 배워 도전하기로 결심하게 되었다.

나는 지금까지 책을 읽으면 성의 없게 깊이 읽지 않거나 제내로 읽으면 약간의 지식을 머릿속에 담아두고 있다가 잊어버리기 일쑤였다. 책을 한 권도 읽지 않는 사람은 자신의 삶을 포기한 사람들로 보이고, 책을 읽기는 하지만 부단히 자기계발을 하지 않는 사람의 미래는 밝아 보이지 않았다. 내 상황이 딱 그 중간의 갈림길에 서 있는 사람 같았다. 나는 내 삶을, 내 미래를 포기하고 싶지 않았고, 밝은 미래로 나아가고 싶었다. 내가 마냥 이 자리에 주저앉아버리면 또 아무런 변화도 오지 않을 것이고 오히려 도전하겠다고 마음먹기 전의 모습보다 더 뒤처지는 삶으로 돌아갈 것만 같아서 낙오자가 되기 싫어 내 명예를 걸어보기로 한 것이다. 〈한책협〉 김태광 대표코치는 5주 과정으로 책 쓰기 코치를 해주고 목숨 걸고 가르칠 테니 열심히 따라와주라고 강의 때마다 열정으로 가르쳐주었다. 매 순간 동기부여도 해주고, 내가 책 쓰기를 힘들어할 때는 채찍질을 할 수도 있는데 그는 그러지 않았다. 그의 방식으로 용기와 자신감을 내게 심어주었고 나는 매번 당근을 받아먹으며 성장한 케이스인 것 같은 느낌이라고 할까?

하지만 나와 같이 교육받는 동기작가들을 보아도 김태광 대표코치는 성격과 취향, 개성이 전부 다른 많은 사람들을 교육하고 있었지만 어느 누구에게도 채찍질보다는 당근을 주며 교육을 시켜왔다. 어느 누구 한 명도 포기하는 사람 없이 열심히들 받아 적고, 익혀서 자신만의 기술로 습득해버린다. 내가 생각하기에는 독자로 책을 읽고 나서 알게 되는 것보다 지금 이 순간 책을 쓰는 저자로서의 시점에서 더 많은 것을 알게 되고 배우게 되는 것 같다. 솔직히 말해 독자의 시점에서 책을 읽고 자기계발을 하지 않는다면 무의미한 삶인 것 같다. 저자로서의 시점에서 더 많은 책을 읽게 되고 한 문장, 한 문단이 모두 다 내게 자신감을 얻게 해주고 동기부여가 되는 문구가 된다. 나는 책 쓰기로 가슴 뛰는 삶을 얻었다. 나는 책을 읽으며 평생 직장인으로 살아가는 것이 싫어졌다. 아니 싫어졌다기보다는 겁이 나기 시작한 것이다. 지금 다니는 직장에서 정년까지 보장을 해준다고 가정하더라도 내 나이 60세 이후의 삶을 어떻게 살아갈 것인지, 지금의 내 급여로 '부'를 이룰 수 있을지, 그것이 제일 걱정거리가 된 것이다.

출퇴근길 운전을 하며 라디오를 듣던 중에 예전에는 한 직장에서 한 직업으로 살아올 수 있었지만 지금 이 시대에서는 옛날 말이 되었다면서 한 직업으로 여러 가지 일을 해야 한다고 한다. 그 말이 진짜 진심으로 가슴에 새기게 된다. KBS 소속 아나운서들을 보아도 알 수 있다. 아침 뉴스인 KBS 뉴스광장 메인 앵커, 저녁 뉴스인 KBS 뉴스9 메인 앵커 자리에서 잘하고 있다가 실수나 방송사고도 없었는데 그 좋은 자리를 내어주고 퇴사를 하여 프리랜서가 되었다. KBS 방송국에는 일정 기간 동안 방송출연을 할 수 없다고 하지만, 타 방송사에서 프리랜서 아나운서로 활약하고 연기자로 전향한 아나운서도 있었다. 나도 처음에는 '왜 그리 좋은 직장을 그만두고 나가서 프리랜서가 될까? 직장에 있는 것이 편하지 않을까? 급여도 제날짜에 딱딱 들어오고 좋은데'라고 생각하던 때가 있었다. 그때는 나도 많이 생각이 짧았다. 프리랜서가 되어 아무런 활동을 하지 않으면 수입이 없다. 프리랜서인 그 사람들은 소속회사가 없기 때문에 쉽게 말하면 백수와 같은 존재이다. 하지만 프리랜서가 되었다고 한가하게 놀거나 빈둥대지는 않는다. 오히려 더 열심히 바쁘게 살아간다. 직장생활을 하면서 명예를 얻었고 여러 군데 다니면서 자신의 재능을 수입으로 바꾸는 기술을 습득한 것이다. 지금은 직장생활 하던 때보다 더 많은 수입을 벌어들이기도 하고, 더 많이 유명해지기도 했다. EBS 영어 강사인 김재영 선생님도 EBS 영어강사, 유튜버, 책 쓴 작가, 부동산 투자자, 재테크 멘토, 대표 학원장, 동기부여가 등 혼자서 여러 가지 많은 일을 하는 사람이다.

나 역시도 지금 현재의 직장인 동국제강 포항공장 1협력 천장크레인 기사로만 재직한다면 나의 성공은 없을 것이다. 60세까지 그냥 여기서 끝이다. 명예, 부는 나에게 없었을 것이다. 나는 책 쓰기로 가슴 뛰는 삶을 살고 있다. 학교에서도 가르쳐주지 않는 새로운 제2의 삶을 살아가는 방법을 배우고 있다. 책 쓰기는 창의적인 활동이다. 이래서 모든 저자들은 하나같이 책을 읽었으면 당장 할 수 있는 것부터 시작해보라고 하는 것임을 느낀다. 책은 진짜 그냥 읽기만 하고 끝내버리면 안 되는 것이다. 저자의 경험을 간접적으로 겪어보기도 하고 또 다른 새로운 창의적인 일을 찾아내 도전할 수도 있는 것이다.

예전에는 부실한 기업으로 인해 더 탄탄한 회사만 찾아다녔다면 지금은 너무 안정적인 것이 불안해서 지금 이 자리를 뛰어넘어서기 위해 저자의 길에 도전하였다. 작가로 한 가지 일만 하는 것이 아니라 작가는 가장 기본적인 직업이면서 1인 창업 과정을 들었고, 이 책이 출간되어 나오면 퍼스널 브랜딩을 잘할 수 있도록 SNS 책 마케팅 과정으로 블로그와 인스타 과정을 꼼꼼하게 잘 배워두었다. 그리고 카드뉴스 제작법도 잘 활용하고 있다. 그 밖에도 나는 베스트셀러 작가, 강연가, 독서법코치, 동기부여가 등으로 많은 활동을 할 것이다. 내 평생소원인 경제적 자유를 얻어 부자 작가로 살아갈 것이다. 그리고 부를 이루고 나서는 내 명의로 된 장학, 복지재단을 설립하여 북한이탈주민(새터민), 한부모가정의 자녀, 소아청소년 장애인에게 나의 손길을 내밀어 도와주고 싶다.

　나는 이렇게 책을 읽고 나서 책이 내 마인드를 바꾸어놓았다. 여기에는 〈한책협〉 김태광 대표와 〈위닝북스〉 권동희 대표, 〈한투협〉 주이슬 대표가 앞에서 끌어주고 뒤에서 받쳐주고 내가 넘어지거나 포기하지 않도록 많은 도움을 주었다. 삶의 고비마다 시련과 고통으로 지칠 때 책은 나에게 큰 에너지를 주었다. 그런 것처럼 내가 베스트셀러 작가가 되는 것은 나 자신의 최고의 기쁨과 영광이기도 하다. 또한 다른 사람에게도 책을 읽고 꿈을 크게 갖도록 선한 영향을 주는 것이기도 하다. 그런 내 모습을 상상하면 너무 설레고 기분이 좋다. 내 삶의 노하우를 수많은 사람들에게 알려주고 도움을 주는 메신저와 멘토가 될 것이다. 나는 나의 경험과 깨달음을 나누어주고 선한 일을 하는 작가가 되리라 확신한다.

07

독서로 자신만의 축을 세워가자

"시간은 우리를 기다려주지 않는다."

지금까지 책은 나의 버팀목과 디딤돌이 되어주었다. 때로는 친구가 되었다가, 상담가가 되었다가, 코치나 선생님이 되어주기도 하였다. 독서의 힘은 나를 배신하지 않는다. 독서로 내가 배운 것은 희망이다. 우리는 실패로 수많은 고통을 겪는다. 많은 사람들은 책에서 지식과 영감을 얻을 뿐 아니라 인생을 변화시키기도 한다. 독서, 글쓰기, 사색, 산책, 운동 등 여러 가지가 있겠지만, 자신이 갖지 못했던 경험을 책을 통해, 타인으로부터 쉽게 얻을 수 있으니 독서는 '우리를 더 높은 곳으로 향할 수 있도록 해주는 디딤돌'임에 틀림없다.

10년 후 지금의 세상은 없다. 지난 많은 세월 동안 못 한 일들이 지금은 순간순간 일어나고 있는 현실이다. 10년 후의 미래는 정말 어떻게 될까. 많은 상상을 할 수가 있고, 예측도 할 수 있을 것이다. 하지만 미래를 정확히 맞추는 이는 역사 이래 아무도 없었고, 일부가 맞았다면 우연의 하나로 여겨졌다.

시간은 우리를 기다려주지 않는다. 세상에서 누구에게나 공평하게 주어진 것 하나. 그것은 바로 시간이다. 누구에게도 더 주어지거나 덜 주어지지 않은 가장 공평한 단 하나. 누구에게나 공평하게 주어진 시간. 그 시간은 우리를 기다려주지 않는다. 그저 쉼 없이 항해하는 시간 속에서 우리는 너무나 많은 것을 미루고 있진 않은가?

시간은 우리를 기다려주지 않는다는 말은 어느 누구든지 공감하고 모두 인지하고 있는 말일 것이다. 나는 독서를 하면서 동기부여가 되었고 영감을 얻었다. 그리고 주변을 둘러보았다. 나의 부모님은 내가 어릴 적 보던 모습 그대로 건강하시고 젊었던 모습 그대로 내 옆에 오래도록 계실 것만 같았다. 벌써 60대를 훌쩍 넘으시고 이제는 '어이쿠, 아이구, 어디 아프다'는 말이 절로 나온다고 하신다. 내가 봐도 입버릇처럼 아프다는 말을 달고 지내신 지 시간이 많이 흐른 것 같다. 아버지는 2021년 10

월에 척추협착증 수술도 하셨다. 바닷가 산책을 나가면 내가 어릴 적에는 달리기도 잘하셨던 아버지가 이제는 평지 길 5~10분 걷기도 많이 힘들어하신다. 5분도 채 안 되서 여기 잠시 앉았다가 가자고 하시는 모습을 보면 '많이 늙으셨구나.'라고 느끼게 된다.

아버지가 젊으실 때는 아낌없이 낮과 밤을 가리지 않고, 힘든 일, 하기 싫은 일, 위험한 일을 도맡아하셨다. 그렇게 나와 동생을 뒷바라지하시며 대학까지 마칠 수 있게 자신의 노후준비를 미뤄오셨다. 부모님 노후 준비를 하셨어야 할 시기에 아들과 딸이 우선이셨다. 나는 부모님의 마음을 잘 알기에 고마움을 느낀다. 하지만 부모님께 '고맙다, 감사하다'를 제대로 표현을 해본 적 없는 것 같다. 부모님은 아직도 직장생활로 맞벌이를 하신다. 몇 해 전에는 농사일도 하셨는데 농사는 하나님과 하는 거래이기에 작황이 좋을 때는 좋았다가 안 좋을 때는 안 좋아지는 격차가 너무 심해서 하나님의 뜻을 헤아리지 못하겠다고 접으셨다. 그때 아버지의 신체적, 육체적 건강이 많이 안 좋아진 것 같다. 나는 그런 아버지의 모습을 보고 내가 지금 변화를 가져야 할 시기라고 느끼게 되었다.

그래서 부모님의 은혜에 나도 무언가 보답해드리고 싶었다. 내가 마냥 직장생활만 고집해온다면 아직도 부족하고 더 많은 시간이 걸릴 것 같았기 때문에 지금 내가 변화를 해야 한다고 주장하는 것이다. 내 나이 39세. 그 누가 나에게 늦었다고 말한다면 나는 늦은 것은 늦은 것이고 새로운 시작은 새로운 시작이라고, 내 몫이라고 말하고 싶다. 나는 누구든지 도전하려거든 한 살이라도 적을 때 도전을 해보라고 권하고 싶다. 나중에는 후회해도 시간은 되돌아오지 않는다는 것을 명심하기 바란다. 나는 지금이라도 깨우쳐 새로운 삶에 도전할 수 있음에 감사하고 나의 부모님께도 이 책을 통해 감사하다고 전하고 싶다. 시간은 우리를 기다려주지 않듯이 부모님 역시 나의 철드는 모습을 보기 위해 기다려주지 않는 것 같아 한 살이라도 나이가 더 들기 전에 나는 시작하게 된 것이다. 나는 앞으로도 꾸준한 독서로 습관을 가질 것이다. 꾸준한 독서 습관은 나의 삶에 힘이 되는 창과 방패 같은 무기가 된다는 것을 독서를 통해서 절실하게 느끼게 되었다.

온오프라인 서적에는 수많은 자기계발서가 쏟아지고 있다. 수많은 저자는 자신들의 책을 통해 독자들의 삶에 새로운 변화를 가질 수 있게 동기부여를 하고 깨달음의 지식을 전하고 있는데 독자들은 마음에 드는 책을 구입하여 읽는 것은 당연한 일이지만, 읽기만 하고 책을 덮어버리기만 한다면 저자에 대한 예의가 아닌 것 같다. 나도 이제 시작이다. 나는 고작 이제 한 번 해봤을 뿐이다. 하지만 이 한 번의 실행으로 독자에서 저자로 위치를 바꾸었다. 저자가 되기 위하여 배운 것도 많다. 이렇게 화끈하게 큰 변화를 주는 것이야말로 진정한 자기계발이 아닐까 한다. 이제는 자신이 다니던 직장보다 더 좋은 직장을 찾아 이직을 하기보다는 평생 도움이 되는 자기계발을 하라고 말하고 싶다. 진심으로 어느 직장이던 자신이 CEO가 아닌 이상 직원으로 있다면 직장은 직원의 미래를 보장하지 않는다. 직장으로 봐도 자신의 직장에서 본인이 막내이거나 꼭 막내가 아니더라도 주위를 둘러보고 자신보다 선배라고 하는 분들을 관찰해봐라. 자신의 동료, 선배들이 자신의 5년 후, 10년 후 미래의 모습이다.

시간은 금이다. 그러나 한 푼의 가치도 없는 1년이 있는가 하면 수만금을 쌓아도 마음대로 할 수 없는 빈 시간이 있다. 시간에도 여러 가지 시간이 있는 셈이다. 능력이 안 돼서 할 수 없는 일은 있다. 돈이 없어서 할 수 없는 일은 있다. 시간이 없어서 할 수 없는 일은 없다. 능력은 모두 다르게 가지고 있고 돈도 모두 다르게 가지고 있을 수 있다, 하지만 모두 하루 24시간을 같게 가지고 있다. 시간이 없다는 것은 시간을 내고 싶지 않다는 것이고 그것을 정말 하고 싶다는 간절함이 없는 것이다.

에디슨이 말했듯 '시간이 없어서'라는 변명은 가장 어리석은 변명이다.

가장 바쁜 사람이 가장 많은 시간을 갖는다. 부지런히 노력하는 사람이 결국 많은 대가를 얻는다. 가만히 잘 생각해보면 시간이 특별히 많은 사람이 이 세상에 따로 존재하지는 않는다. 시간은 누구에게나 똑같이 주어진다. 그렇다는 것은 시간이 없다고 누군가와 비교해서 가만히 앉아 한탄할 일은 아닌 것 같다. 정보화 시대로 대변되는 3차 산업혁명시대부터 점점 시간의 가치가 변했다. 시간의 양보다 질이 중요해졌다. 많은 수의 노동자보다 한 명의 엘리트가 중요해졌다. 그리고 지금 4차 혁명시대. 여전히 시간은 소중하다. 당연히 돈으로 지나간 시간을 살 수 없다. 그러나 더 이상 시간은 금이 아니다. 금이 시간에 대한 선택권을 주기 때문이다. 한 명의 엘리트가 한 가지 분야에서 전문성을 발휘한 사회가 3차 산업혁명이었다면 지금은 평범한 개인들이 여러 가지 분야에서 준전문가로 활동하며 수익을 내는 시대이다. 빌 게이츠나 스티브 잡스처럼 뛰어난 재능이 없는 개인에게도 무한 가능성을 열어주는 시대가 되었다. 여전히 시간은 금이다. 금으로 시간을 살 수는 없다. 그러나 시간에 대한 선택권을 살 수 있는 시대가 지금 당신의 눈앞에 있다.

시간은 참으로 빠르게 흘러간다. 가끔은 그 많은 시간이 주어졌는데 그동안 나는 무엇을 하고 살아왔나 뒤돌아보게 된다. 미뤄둔 일이 있다면 지금 행동에 옮겨라. 지금 떠오른 생각과 일이 있다면 지금 행동에 옮겨야 한다. 지금 하지 않으면 내일도 할 수 없다. 지금, 시간을 충실히 보내는 것이 행복한 삶이다. 한 번 도망치면 두 번 도망친다. 끝에서 마주하는 것은 성공도 실패도 아닌 바로 나 자신이다. 시간은 금이다. 지금 당장 하라.

한 번 승리하면 두 번 도전하고 세 번 성공한다. 집중하면 할 수 있고 흔들리면 무너진다. 보고 배우는 사람은 많지만 실천하고 변하는 사람은 적다. 독서로 자신만의 축을 세워가자.

세상이 뒤집어질 놀라운 꿈을 실현시킬 가장 확실한 길은 독서에 있다!

인생이 달라지는 책 추천 리스트

『가끔은 격하게 외로워야 한다』 김정운 지음, 21세기북스

『감사하면 달라지는 것들』 제니스 캐플런 지음 | 김은경 옮김, 위너스북

『감사하면 보이는 것들』 민예숙 지음, 굿웰스북스

『결국 ETF가 답이다』 김도사 기획, 김이슬 지음, 미다스북스

『곁에 있어 고마워요』 김경숙 외 지음, 위즈덤하우스

『고민하지 않는다』 야하기 나오키 지음 | 이동희 옮김, 국일미디어

『공지영의 수도원 기행』 공지영 지음, 분도출판사

『기적의 손편지』 윤성희 지음, 스마트북스

『김대리는 어떻게 1개월 만에 작가가 됐을까』 김도사 · 권마담 지음, 미다
　　스북스

『나는 고작 한번 해봤을 뿐이다』 김민태 지음, 위즈덤하우스

『나는 잠자는 동안에도 해외주식으로 돈 번다』 주이슬 지음, 굿웰스북스

『나는 100만원으로 크루즈 여행간다』 권마담 지음, 미다스북스

『너는 나에게 상처를 줄 수없다』 베르벨 바르데츠키 지음 | 두행숙 옮김, 걷는나무

『너, 외롭구나』 김형태 지음, 위즈덤하우스

『네트워크마케팅 이렇게 시작하면 된다』 요시무라 유타카 지음 | 안훈 옮김, 아름다운 사회

『누구나 원하지만 뜻대로 되지 않는 인간관계』 유소운 지음, 레몬북스

『누구나 이유 없이 행복해질 수 있다』 최유진 지음, 굿위즈덤

『내 인생 내가 살지』 서상록 지음, 한국경제신문사

『놓치고 싶지 않은 나의 꿈 나의 인생』 나폴레온 힐 지음 | 권혁철 옮김, 국일미디어

『닉 부이치치의 허그』 닉 부이치치 지음 | 최종훈 옮김, 누란노

『단 한 권을 읽어도 제대로 남는 메모독서법』 신정철 지음, 위즈덤하우스

『더 세븐 시크릿』 김태광 지음, 미다스북스

『돈 되는 주식투자 ETF가 답이다』 김도사 · 이슬 지음, 미다스북스

『모든 비즈니스는 마케팅이다』 김선율 지음, 매일경제신문사

『몸값 높이는 독서의 기술』 정소장 지음, 위닝북스

『바빌론 부자들의 돈버는 지혜』 조지 S. 클래이슨 지음 | 강주헌 옮김, 국
    일미디어

『배려(마음을 움직이는 힘)』 한상복 지음, 위즈덤하우스

『배움을 돈으로 바꾸는 기술』 이노우에 히로유키 지음 | 박연정 옮김, 예문

『백만장자 메신저』 브렌든 버처드 지음 | 위선주 옮김, 리더스북

『150억 부자의 부의 추월차선』 김도사 지음, 위닝북스

『부러지지 않는 마음』 사이토 다카시 지음 | 김영주 옮김, 국일미디어

『부의 추월차선』 엠제이 드마코 지음 | 신소영 지음, 토트출판사

『부와 행운을 끌어당기는 우주의 법칙』 김태광 · 권마담 지음, 굿웰스북스

『삶의 무기가 되는 독서 습관』 정두리, 미다스북스

『생각대로 살지 않으면 사는 대로 생각하게 된다』 1, 2권 은지성 지음, 황
　　소북스

『성공을 부르는 말 행복을 부르는 말』 헬렌 S. 정 지음, 휴버트

『심리학이 청춘에게 묻다』 정철상 지음, 라이온북스

『10대를 위한 돈 공부』 김명지 지음, 굿웰스북스

『알면서도 알지 못하는 것들』 김승호 지음, 스노우폭스북스

『어쩌면 내가 가장 듣고 싶었던 말』 정희재 지음, 갤리온

『여자는 말하는 법으로 90% 바뀐다』 후쿠다 다케시 지음 | 송수영 옮김,
　　이아소

『5초의 법칙』 멜 로빈스 지음 정미화 옮김, 한빛비즈

『웰씽킹』 켈리 최 지음, 다산북스

『인생의 차이를 만드는 독서법 본깨적』 박상배 지음, 위즈덤하우스

『인생은 실전이다』 신영준, 주언규 지음, 상상스퀘어

『7번 읽기 공부법』 야마구치 마유 지음 | 유두진 옮김, 위즈덤하우스

『1만권 독서법』 인나미 아쓰시 지음 | 장은주 옮김, 위즈덤하우스

『1천권 독서법』 전안나 지음, 다산4.0

『잘 살아라 그게 최고의 복수다』 권민창 지음, 마인드셋

『절대 실패하지 않는 성공시스템』 클레멘트 스톤 지음 | 장영빈 옮김, 서른세개의계단

『주식투자 이렇게 쉬웠어?』 김이슬 지음, 위닝북스

『지금의 조건에서 시작하는 힘』 스티븐 기즈 지음 | 조성숙 옮김, 북하우스

『직장인의 경제적 자유는 ETF가 답이다』 이종호 지음, 한국경제신문i

『진짜 부자들의 돈 쓰는 법』 사토 도미오 지음 | 최윤경 옮김 한국경제신문i

『책읽기가 필요하지 않은 인생은 없다』 김애리 지음, 비즈니스북스

『평범한 사람을 1개월 만에 작가로 만드는 책쓰기 특강』 김도사 지음, 위닝북스

『1시간에 1권 퀀텀독서법』 김병완 지음, 청림출판

『하루 10분 책 읽기가 삶의 강력한 무기가 된다』 김보혜, 굿위즈덤

『하루 15분 정리의 힘』 윤선현 지음, 위즈덤하우스

『하루 한 번 마음 청소』 도널드 앨트먼 지음 | 소하영 옮김, 파주북스